首都圏版⑯ 使いやすい！教えやすい！家庭学習に最適の問題集！

立教女学院小学校

2021年度版 過去問題集

<問題集の効果的な使い方>

①お子さまの学習を始める前に、まずは保護者の方が「入試問題」の傾向や、どの程度難しいか把握します。もちろん、すべての「学習のポイント」にも目を通してください
②各分野の学習を先に行い、基礎学力を養いましょう！
③「力が付いてきたら」と思ったら「過去問題」にチャレンジ！
④お子さまの得意・苦手がわかったら、その分野の学習をすすめ、全体的なレベルアップを図りましょう！

合格のための問題集

立教女学院小学校

常識	Ｊｒ・ウォッチャー34「季節」
数量	Ｊｒ・ウォッチャー40「数を分ける」
図形	Ｊｒ・ウォッチャー46「回転図形」
言語	Ｊｒ・ウォッチャー60「言葉の音（おん）」
お話の記憶	1話5分の読み聞かせお話集①・②

全40問

昨年度実施の過去問題 ＋ それ以前の特徴的な問題 を収録!!

日本学習図書 ニチガク

目指せ！合格！

家庭学習ガイド
立教女学院小学校

入試情報

応募者数：女子 567 名
出題形態：ペーパー
面　　接：保護者・志願者面接（15 分程度）
出題領域：ペーパー（お話の記憶、数量、言語、図形、常識）、
巧緻性、行動観察、運動

入試対策

巧緻性、行動観察、運動と、ペーパー以外の課題が多いので、ペーパー学習とのバランスをよく考えて取り組んでいきましょう。年度ごとの大きな変化は基本的にあるわけではないので、どの分野のどのような課題が出題されるのか、どういった課題があるのかという傾向をつかみ、対策に反映させてください。試験全体の観点は、正確に指示を聞き取ることです。特に「お話の記憶」では「ひっかかりやすい選択肢」もあるので正確に聞き取る力が試されるというわけです。

- ●ペーパーテストの出題分野は例年同じですが、出題方法や解答方法は変化します。幅広く基礎学力をつけていくようにしましょう。
- ●常識分野の問題は、身近なものやイベントから出題されます。生活体験の機会を設けてください。
- ●チョウチョ結びなどの巧緻性の課題は、例年出されているので、早めに取り組んで、慣れるようにしておきましょう。
- ●キャッチボールなど、誰かと行う運動もあります。日頃の学習でも、できるだけ同年代のお友だちと行う環境を作ってあげてください。

必要とされる力 ベスト6

チャートで早わかり！

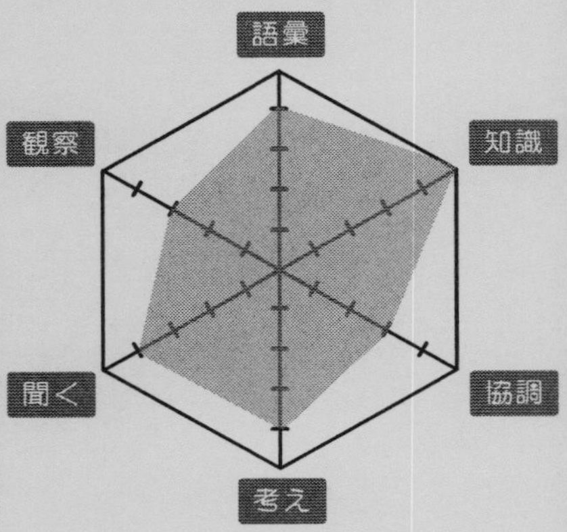

特に求められた力を集計し、左図にまとめました。
下図は各アイコンの説明です。

	アイコンの説明
集中	集　中　力…他のことに惑わされず１つのことに注意を向けて取り組む力
観察	観　察　力…２つのものの違いや詳細な部分に気付く力
聞く	聞　く　力…複雑な指示や長いお話を理解する力
考え	考える力…「～だから～だ」という思考ができる力
話す	話　す　力…自分の意志を伝え、人の意図を理解する力
語彙	語　彙　力…年齢相応の言葉を知っている力
創造	創　造　力…表現する力
公衆	公衆道徳…公衆場面におけるマナー、生活知識
知識	知　　　識…動植物、季節、一般常識の知識
協調	協　調　性…集団行動の中で、積極的かつ他人を思いやって行動する力

※各「力」の詳しい学習方法などは、ホームページに掲載してありますのでご覧ください。http://www.nichigaku.jp

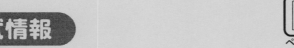

「立教女学院小学校」について

〈合格のためのアドバイス〉

　例年試験内容に関して大きな変更は見られません。学校が求めている子ども像にも、大きな変化はないと言ってよいでしょう。

　ペーパーテストでは、「お話の記憶」「数量」「言語」「図形」「常識」といった出題されている分野の対策学習は必須です。中でも「数量」問題では、風景の中にたくさんものが描かれている１枚絵からの出題が目立ちます。１つひとつがバラバラで、しかも背景とまぎれやすいものを数えたり、たし算・ひき算するものなので、はじめてみるお子さまは戸惑うかもしれません。必要なら過去問以外の学習も行うようにしてください。

　面接は、試験考査とは別の日に行われます。願書に記入したこと、通学時間、アレルギーの有無、志望動機などの質問があります。また、志願者には、絵を見ながら口頭試問があります。生活のマナーやルールについて問われることが多いので、その対策はとっておきましょう。絵を見て、自分の意見・考えを伝えるというものなので、日ごろの生活の中で、お子さまが何かしたいなど、言ってきた際は「どうして？」と保護者の方が質問をし、上手く伝えるにはどうすればよいのかを考えさせるようにしましょう。

　ペーパーテスト、巧緻性、行動観察、運動、面接のすべてに言えることは正確に聞き取ることです。間違えやすい選択肢、指示などが全体的に見られるので注意しましょう。

〈2020年度選考〉

〈面接日〉

◆保護者・志願者面接（考査前日に実施）

〈考査日〉

◆ペーパー（お話の記憶、数量、言語、図形、常識）

◆巧緻性

◆行動観察

◆運動

◇過去の応募状況

2020年度　女子567名

2019年度　女子594名

2018年度　女子452名

入試のチェックポイント

◇生まれ月の考慮…「あり」

◇受験番号…「生年月日順」

〈本書掲載分以外の過去問題〉

◆図形（位置の移動）：お約束にしたがって移動し、動物が食べもの見つける。［2015年度］

◆常識：歌を聞いて歌詞に出てきたものを答える。［2015年度］

◆推理（ブラックボックス）：お約束にしたがって箱を通ると、いくつになるか。［2014年度］

◆系列・迷路：見本通りの順番で進みながら、迷路をクリアする。［2014年度］

◆推理（欠所補完）：一部欠けている地図の穴埋め。［2013年度］

◆常識：電車の中でいけないことをしている人を見つける。［2013年度］

(得) 先輩ママたちの声！

◆実際に受験をされた方からのアドバイスです。
ぜひ参考にしてください。

立教女学院小学校

・受付の後、アンケートがあり、通学経路・時間、学校に伝えたいこと、幼稚園（保育園）の欠席日数、アレルギーの有無、起床・就寝時間、家族写真と本人写真の貼付など、記入項目が多いのでしっかりと準備をしていく必要があります。

・待ち時間が長かったので、本や折り紙などを持っていって、子どもを退屈させないような工夫をした方がよいと思います。

・緊張して面接に臨みましたが、終始なごやかな雰囲気で進められ、子どもに対しては特にやさしく接していただいているように感じました。

・筆記試験は、広い分野から出題されるので、過去問題や類似問題を、できるだけ多く練習しておいた方がよいと思います。

・面接では、両親が答えている間も、先生が子どもの様子を見ています。子どもの前には机がないので、表情だけでなく姿勢なども見られるので、お行儀には気を付けた方がよいです。

・面接では事前に予想・準備していなかった質問をされたため、いつもはものに動じない子どもが、声が出ないほど緊張してしまいました。どんな質問にも対応できるよう、ふだんから話し方、答え方を練習しておく必要があるようです。

・公開授業などに参加すると、子どもたちの様子がよくわかります。説明会や行事には、参加するようにした方がよいと思います。

立教女学院小学校

過去問題集

〈はじめに〉

現在、少子化が叫ばれているにもかかわらず、私立・国立小学校の入学試験には一定の応募者があります。入試は、ただやみくもに学習するだけでは成果を得ることはできません。志望校の過去における出題傾向を研究・把握した上で、練習を進めていくこと、その上で試験までに志願者の不得意分野を克服していくことが必須条件です。そこで、本問題集は小学校を受験される方々に、志望校の出題傾向をより詳しく知って頂くために、過去に遡り出題頻度の高い問題を結集いたしました。最新のデータを含む精選された過去問題集で実力をお付けください。

また、志望校の選択には弊社発行の「**2021年度版　首都圏・東日本　国立・私立小学校　進学のてびき**」をぜひ参考になさってください。

〈本書ご使用方法〉

◆テスターは出題前に一度問題を通読し、出題内容などを把握した上で、**〈準　備〉**の欄に表記してあるものを用意してから始めてください。
◆お子さまに絵の頁を渡し、テスターが問題文を読む形式で出題してください。問題を読んだ後で、絵の頁を渡す問題もありますのでご注意ください。
◆**「分野」**は、問題の分野を表しています。弊社の問題集の分野に対応していますので、復習の際の目安にお役立てください。
◆問題番号右端のアイコンは、各問題に必要な力を表しています。詳しくは、アドバイス頁（ピンク色の紙１枚目下部）をご覧ください。
◆一部の描画や工作、常識等の問題については、解答が省略されているものがあります。お子さまの答えが成り立つか、テスターが各自でご判断ください。
◆**〈時　間〉**につきましては、目安とお考えください。
◆解答右端の**［〇年度］**は、問題の出題年度です。**［2020年度］**は、「2019年の秋から冬にかけて行われた2020年度入学志望者向けの考査で出題された問題」という意味です。
◆**学習のポイント**は、指導の際にご参考にしてください。
◆**【おすすめ問題集】**は各問題の基礎力養成や実力アップにお役立てください。

〈本書ご使用にあたっての注意点〉

◆文中に**この問題の絵は縦に使用してください。**と記載してある問題の絵は縦にしてお使いください。
◆文中に**この問題の絵はありません。**と記載してある問題には絵の頁がありませんので、ご注意ください。なお、問題の絵の右上にある番号が連番でなくても、中央下の頁番号が連番の場合は落丁ではありません。

下記一覧表の●が付いている問題は絵がありません。

問題１	問題２	問題３	問題４	問題５	問題６	問題７	問題８	問題９	問題10
							●		
問題11	問題12	問題13	問題14	問題15	問題16	問題17	問題18	問題19	問題20
問題21	問題22	問題23	問題24	問題25	問題26	問題27	問題28	問題29	問題30
				●	●				
問題31	問題32	問題33	問題34	問題35	問題36	問題37	問題38	問題39	問題40

※問題を始める前に、本文1頁の「本書ご使用方法」「本書ご使用にあたっての注意点」をご覧ください。
※訂正は、間違った解答は＝（２本線）で訂正し、正解を書き直します。
※筆記用具は鉛筆を使用します。

**保護者の方は、別紙の「家庭学習ガイド」「合格のためのアドバイス」を先にお読みください。
当校の対策および学習を進めていく上で、役立つ内容です。ぜひ、ご覧ください。**

2020年度の最新問題

問題１　分野：数量（総合）

考え　観察

〈準　備〉　鉛筆

〈問　題〉　（問題１－２の絵を渡す）
問題１－１の絵を見ながら質問に答えてください。
①チョウチョは何羽飛んでいるでしょうか。四角の中にその数の分だけ○を書いてください。
②チョウチョが１羽ずつお花にとまったら、お花とチョウチョのどちらがいくつ多いですか。お花だと思うならば△を、チョウチョだと思うならば○を四角の中にその数の分だけ書いてください。
③リスさんが８つ風船を持っています。いくつか風船は飛んでいき、６つになりました。いくつ飛んでいきましたか。その数だけ○を書いてください。
④ネズミさんは何匹いますか。その数だけ○を書いてください。
⑤クマさんは、おにぎりを４つ食べました。今は、３つ残っています。クマさんはおにぎりをいくつ持ってきましたか。

〈時　間〉　①10秒　②③④各20秒

〈解　答〉　①○：８　②○：２　③○：２　④○：５　⑤○：７

［2020年度出題］

学習のポイント

数量に関してさまざまな切り口で出題されています。この問題では一言で言ってしまえば、「数」というものの理解をし、扱うことができるかということが観点になります。例えば、①や④のような指示されたものを数える問題は、１. 指示されたものを見つける、２. 正確にその数を計数するという２つの能力が要求されているというわけです。②のような２つのもの（お花、チョウチョ）をセットにして数える、③や⑤のように絵に描かれていない数の変化を答える問題があるので、それらに加えて応用力や指示を理解する能力も試されていると言えるでしょう。観点が多いということはお子さまにとっては、かなり難しく、頭の切り替えも必要な問題です。楽しそうな問題の絵に油断することなく、慎重に取り組むようにしてください。

【おすすめ問題集】
Ｊｒ・ウォッチャー14「数える」、38「たし算・ひき算１」、
39「たし算・ひき算２」、40「数を分ける」、42「一対多の対応」

問題2　分野：お話の記憶

聞く　集中

〈準備〉　鉛筆

〈問題〉　お話をよく聞いて、後の質問に答えてください。

ネコさんとネズミさん、ウサギさんは山へ登りにいきます。ネズミさんが急に「あ！」と言い出しました。ネコさんが「どうしたの？」と聞くとお菓子を忘れたと言い、ネズミさんは泣き出してしまいました。ネコさんは「じゃあ、わたしのあげる」とネズミさんにアメを3つあげました。ネズミさんは涙を拭き、ネコさんにお礼を言いました。ウサギさんは「ネコさんが今日のリーダーね！」と言ったので、ネコさんが先頭になり、山の頂上まで登ることにしました。登っている途中、大きなカシの木に、カブトムシがとまっていたので、ネコさんはびっくりして、石につまずいて転んでしまったので泣き出しそうになりました。でもネズミさんが「大丈夫」と心配してくれたので泣きませんでした。頂上へ着くと、ウサギさんも「わたしも何か食べたいな」と言ったので、ネコさんはだんごとドーナツを1つずつあげました。ウサギさんはよろこんで、ネコさんにお礼を言いました。するとネズミさんの鼻にトンボがとまったのでみんなで大笑いしました。その後、山から見える景色を少し眺めた後、みんなは下山し始めました。

（問題2の絵を見せる）
①ネコさんがウサギさんにあげたお菓子は何ですか。選んで○をつけてください。
②ネズミさんの鼻にとまったものは何ですか。選んで○をつけてください。
③泣いてしまったのは誰でしょうか。選んで○をつけてください。

〈時間〉　各15秒

〈解答〉　①左端　②左から2番目（トンボ）　③右から2番目（ネズミ）

［2020年度出題］

学習のポイント

お話の長さは450字程度と、小学校受験の「お話の記憶」に使われるお話としては短いものです。質問もすべてお話に沿ったものですから、スムーズに答えられるのではないでしょうか。注意すべきなのは紛らわしい選択肢です。③の「泣いたのはだれですか」という質問では、ネコが選択肢の1つになっています。お話で「ネコさんは泣き出しそうになりました（結局泣かない）」ということがらがあるので、よく聞いていないと引っかかってしまいそうです。引っかからないようにするためには、「正確に聞く」のはもちろん、「情報を整理しながら聞く」ことが必要になるでしょう。場面をイメージしながら聞き、「最後にどうなかったか」までをイメージしてください。この問題で言えば「ネコがつまずいて、泣きそうになったが、ネズミに励まされて泣かなかった」というところまでイメージするようにです。難しそうに聞こえますが、読み聞かせなどでは自然とお子さまも行っていることなので、意識して行うことでステップアップしていきましょう。

【おすすめ問題集】
1話5分の読み聞かせお話集①・②、お話の記憶 初級編・中級編、
Jr・ウォッチャー19「お話の記憶」

問題3　分野：言語（しりとり）

語彙　知識

〈準　備〉　鉛筆

〈問　題〉　しりとりになっているものを線でつないでください。しりとりで使わなかったものに〇をつけてください。

〈時　間〉　45秒

〈解　答〉　下図参照

［2020年度出題］

学習のポイント

今回の入試でも「しりとり」の問題が出題されました。ここでの観点は、お子さまの語彙というよりは生活体験かもしれません。というのは、問題で使われている絵のほとんどは生活で使ったり、見たことがあるはずのものだからです。お子さまが間違えてしまうと、そういった体験（教育では「生活体験」と言ったりします）が、ないと判断されかねません。そういう判断をされないようにお子さまには日々体験をさせ、ものやさまざまなことがらの名前を覚えてもらいましょう。なお、余計なことかもしれませんが、ものの名前や季節の行事は標準的な名称で覚えさせてください。地方や家庭独特の表現だとしりとりが続かないことがあります。

【おすすめ問題集】

Ｊｒ・ウォッチャー17「言葉の音遊び」、18「いろいろな言葉」、
Ｊｒ・ウォッチャー49「しりとり」、60「言葉の音（おん）」

問題4　分野：図形（回転図形）

考え　観察

〈準備〉　鉛筆

〈問題〉　左の四角の図形を矢印の方へ回転させたものを右の四角の中から選んでください。

〈時間〉　１分30秒

〈解答〉　①右端　②右端　③左端　④右から２番目

［2020年度出題］

学習のポイント

一見複雑な「回転図形」の問題です。図形が点の上に載っているので、それも踏まえて回転したらどうなるかを考えなければならないような気がするからです。結論から言えば点の上に載っているからと言って、特に対策を取る必要はないので、素直に１回転（→の方向に90度回す）したものを選択肢から選べばよい、ということになります。方向を意識していれば間違うこともないでしょう。できる限り、実際に紙を回転させたりしないで、頭の中で図形を回転させてください。その様子があまりよくないというのもありますが、その様子を見られて「この子はこういう問題に慣れていない」などと評価されないようにするためです。

【おすすめ問題集】
Ｊｒ・ウォッチャー46「回転図形」

家庭学習のコツ①　「先輩ママのアドバイス」を読みましょう！

本書冒頭の「先輩ママのアドバイス」には、実際に試験を経験された方の貴重なお話が掲載されています。対策学習への取り組み方だけでなく、試験場の雰囲気や会場での過ごし方、お子さまの健康管理、家庭学習の方法など、さまざまなことがらについてのアドバイスもあります。先輩ママの体験談、アドバイスに学び、ステップアップを図りましょう！

問題5　分野：複合（座標の移動、推理思考）

考え　観察

〈準備〉　鉛筆

〈問題〉　いまからお約束を言います。
そのお約束に従って、動物たちが出会うマスに○を書いてください。
ウサギさんは１回に２マス、クマさんは３マス、ゾウさんは４マス、ブタさんは１マス進みます。

〈時間〉　30秒

〈解答〉　下図参照

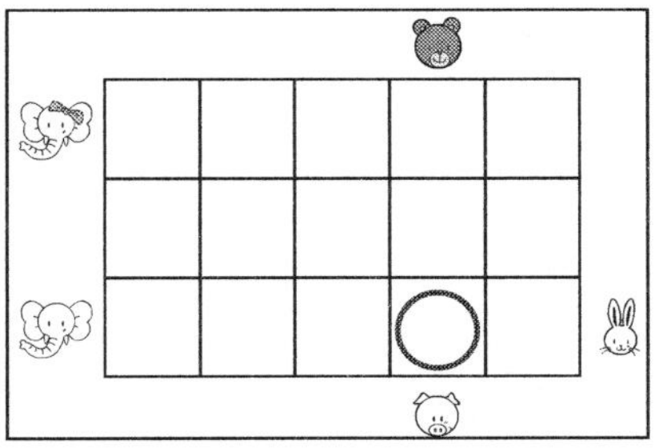

［2020年度出題］

学習のポイント

座標の移動の問題です。複数の動物が階段を上り下りする問題はよく見ますが、このように移動するマスの数と結果だけが示されている問題はあまり見かけません。それはともかく、こうした問題は①何を聞かれているかを把握する　②答えのルールを見つけるという手順で答えていきましょう。ここで言えば、まず「出会う」ということは「同じマスに移動する」ということを理解します。そして、どの動物にもお約束があるので移動できるマスは限られるということを発見します。最後に、その限られたマスの中で共通するものを選べばそれが答えになると考えるのです。ポイントはどちらのゾウという指示がないことでしょう。お約束の数が一番少ないもの（ブタ）とゾウのお約束を関連付けて見ていくと、正解は出てきます。類題を繰り返して行うと慣れてきて、どちらを動かせばよいのか瞬時に判断できるようになります。

【おすすめ問題集】
Ｊｒ・ウォッチャー47「座標の移動」

家庭学習のコツ②　「家庭学習ガイド」はママの味方！

問題演習を始める前に、試験の概要をまとめた「家庭学習ガイド（本書カラーページに掲載）」を読みましょう。「家庭学習ガイド」には、応募者数や試験課目の詳細のほか、学習を進める上で重要な情報が掲載されています。それらの情報で入試の傾向をつかみ、学習の方針を立ててから、対策学習を始めてください。

問題6　分野：言語（言葉の音）

知識　考え

〈準備〉　鉛筆

〈問題〉　①同じ音で始まるものを線で結んでください。
②同じ音で終わるものを線で結んでください。
③真ん中の音が同じものを線で結んでください。

〈時間〉　各15秒

〈解答〉　①浮き輪、ウサギ　②クジラ、コアラ　③リンゴ、インコ

［2020年度出題］

学習のポイント

言葉の音の問題です。難しく言えば、言葉が音で構成されているということがわかっているかを観点にしています。もちろんランダムに配置されているそれぞれのものの名前がわかるだけの語彙があることが前提ですが、出題されているのはそれほど難しくないので、この点で戸惑うことはないでしょう。言葉が「あ」「が」といった音で構成されているということがよくわかっていないお子さまには、言葉を一音ずつ区切って言わせてみてください。「くじら」ではなく「く」「じ」「ら」と言わせるのです。何度か繰り返せば言葉が音で構成されていることがわかってきて、こういった問題に対応できるようになるはずです。

【おすすめ問題集】
Ｊｒ・ウォッチャー17「言葉の音遊び」、60「言葉の音（おん）」

問題7　分野：複合（常識、聴く記憶）

知識

〈準備〉　鉛筆、音楽再生機器、
「たなばたさま」「真っ赤な秋」「たき火」の入った音源

〈問題〉　（音楽再生機器で「たなばたさま」を流す）
①今流れた音楽と同じ季節のものに○をつけてください。
（音楽再生機器で「真っ赤な秋」を流す）
②今流れた音楽の次の季節のものに○をつけてください。
（音楽再生機器で「たき火」を流す）
③今流れた音楽と同じ季節のものに○をつけてください。

〈時間〉　40秒

〈解答〉　①左端　②右から２番目　③右端

［2020年度出題］

学習のポイント

常識の季節に関する問題です。季節を表す歌詞のある歌を聴き、同じ季節の絵を選ぶという少し変わった問題です。聴く歌は一般的なもので幼稚園の行事などでも歌われるものですから、まったくわからないということはないでしょう。どこかで聴いたことがあるはずです。問題は「たなばたさま」の「ささのはさらさら～」という歌詞を聞いて、七夕と結び付けられるかどうかでしょう。歌は知っていても季節の行事や風物詩（焚き火など）などと結び付けられないと混乱してしまうかもしれません。あまり変わった季節のものは出題されないでしょうが、環境によっては経験しにくいものもあるので、保護者の方がお子さまに知る機会を与えるようにしてください。実体験が難しいようなら映像などでも構いません。

【おすすめ問題集】

Ｊｒ・ウォッチャー20「見る記憶・聴く記憶」、34「季節」

問題8　分野：運動

聞く　集中

〈準　備〉　マット（２枚）、ボール（ドッジボール）、テープ

〈問　題〉　この問題の絵はありません。

①ダッシュでマットまでタッチして、戻ってきてください。
②頭の上で手を叩きながらマットまでスキップし、マットで前転を２回したら振り返り、前転を２回して戻ってください。そのあと、また頭の上で手を叩きながら最初の位置に戻ってください。
③お友だちとキャッチボールを６回してください。次に×と×の間をギャロップで進んでください。最後キャッチボールを同じようにしてゴールしてください。

〈時　間〉　適宜

〈解　答〉　省略

[2020年度出題]

学習のポイント

本年度の当校の運動の課題は「ダッシュ」から、「前転を２回転して頭上で手を叩きながら走る」「キャッチボール」といったものまで、さまざまなレベルで用意されています。アスリートを養成するための入試ではないので、必ずしもすべてこなせなくても気にすることはありません。第一に評価されるのは「指示の理解」です。何が課題になっているかを理解して、年齢相応に実行できればほとんど問題はないです。積極的な姿勢、態度、協調性などおさえておいた方がよいでしょう。評価のポイントはほかにもありますが、余程でなければ致命的な評価は受けません。お子さまには「先生の言うことをよく聞いて、一生懸命やりなさい」とでもアドバイスをして、試験に送り出してあげましょう。

【おすすめ問題集】
新運動テスト問題集、Ｊｒ・ウォッチャー28「運動」

問題９　分野：行動観察

聞く　集中

〈準 備〉　フラフープ

〈問 題〉　※あらかじめ、赤・黄色・緑グループ（各グループ５人程度）に分かれます。
（問題９の絵を見せる）
①今から先生がポーズをします。
そのポーズが何を表しているのか、お友だちと絵を見て相談してください。
わかったら先生にも教えてください。
（赤・黄色・緑チームに分かれます）
②みんなで１つの大きな円になります。
音楽が鳴り始めたら、フープを回しながら運んでください。
音楽が鳴り止んだ時にフープを持っていたグループの負けです。
※先生の指示に、「速く」「逆」などがあります。
③先生が指示した動物のものまねをしてください。また、好きな動物のものまねもしてください。
※指示には、「トリ」「キリン」などがありました。

〈時 間〉　適宜

〈解 答〉　省略

［2020年度出題］

学習のポイント

本年度も行動観察の課題は出題されました。グループになって、いっしょに体を動かしたり、話し合ったりするということは例年と変化はありません。ここで大切になるのは「協調性」です。ほかのお友だちの意見を聞いたり、自分の意見を伝えることができるかどうかです。役割分担などはほかのお子さまに「あなた～をして」と言うよりは、「私は～をしていいですか」と一歩下がった形で話した方がうまくいくでしょう。②のような競う課題も協調性を重視して取り組んでください。勝敗があっても、結果はほとんど評価されません。③の問題は、指示を守って恥ずかしがらずに行えれば、特に問題ありません。当たり前の話ですが、動物のまねが上手だからといって合格するわけではないからです。

【おすすめ問題集】
新口頭試問・個別テスト問題集、新ノンペーパーテスト問題集

問題10　分野：巧緻性

聞く　集中

〈準備〉　エプロン、カップ、お皿、スーパーボール（３個）、木のビーズ（５個）、ひも（黄色、１本、10cm程度）、透明の丸いビーズ（２個）、お箸
※スーパーボール、木のビーズ、ひも、透明の丸いビーズは、カップの中に入れておく。
あらかじめ、問題10－１の絵を点線にそって切っておく。

〈問題〉　この問題は絵を参考にしてください。
①エプロンのひもを後ろで結んでください。
（問題10－１の絵の☆側を渡す、☆が描かれている方の裏側を使う）
②好きなくだものの絵を描いてください。
（問題10－１のもう１つの絵を渡す）
③この絵の黒い枠の線の真ん中を切ってください。切り取ったら、カップの中へ入れてください。
（問題10－２の絵を見せる）
④この絵を見本にして机の上をこの状態にしてください。その時に、カップの中のものはお箸を使って、お皿に移してください。
⑤移し終えたら、エプロンを外し、畳んで置いてください。

〈時間〉　15分程度

〈解答〉　省略

［2020年度出題］

学習のポイント

巧緻性の課題です。「エプロンのひもを（背中で）チョウチョ結び」「細々としたものを箸を使って指定の場所に移動させる」といったかなりのレベルの内容です。さすがここまでの課題となると、練習をしておかないと難しいかもしれません。とは言え、わざわざ「練習」として行うのではなく、お手伝いをする時にエプロンを着て、食事の時に細かいものを箸を使って移動させればよいのです。保護者の方はその様子を見て「あれが違う」「これがよくない」と文句をつけるのではなく、「こうすればよい」とその動きを見せながらアドバイスをするようにしてください。決して代わりにやってあげてはいけません。

【おすすめ問題集】
実践 ゆびさきトレーニング①・②・③、Ｊｒ・ウォッチャー25「生活巧緻性」

問題11 分野：面接（口頭試問）

聞く 話す

〈準備〉 なし

〈問題〉 （質問例）
【父親への質問】
・家から駅まで徒歩何分ですか。
・お子さまはどのような性格ですか。
・お子さまのどのようなところが当校に合うと思いますか。
・お子さまとの生活で、どのような時に幸せを感じますか。
・本校の教育プログラムについてどのように思われますか。
・あなたの仕事内容を具体的に説明してください。
（願書に記入したことについて）
・（趣味にキャンプと記載した場合）昔からキャンプへはよく行くのですか。
・最近訪れたキャンプ場はどこですか。

【母親への質問】
・子育ては大変だと思いますが、どのように息抜きをしていますか。
・あなたは働いていますか。
・お子さまはアレルギーをお持ちですか。
（願書に記入したことについて）
・（チアなど記載した場合）チアをはじめたきっかけは何ですか。

【志願者への質問】
・お名前を教えてください。
・何歳ですか。
・幼稚園の名前を教えてください。
・幼稚園では何をして遊ぶのが好きですか。
（問題11の絵を見せる）
・女の子はどうして困っていると思いますか。

〈時間〉 5分程度

〈解答〉 省略

［2020年度出題］

学習のポイント

基本的には「両親＋志願者」と「面接官２人」で考査日の前に行われるのが当校の面接です。内容としては両親には志望動機や就労の有無、教育方針といったもの、お子さまには幼稚園、お友だちの名前といったものです。一般的な小学校入試の面接と言ってよいでしょう。食い違わないように事前に打ち合わせをした方がよいですが、特別準備することはありません。緊張しないようにしてください。なお、志願者に絵を見せ、それを見てどう思うか、と聞く質問があったそうです。場の雰囲気もあるのでお子さまは答えづらいかったかもしれません。できれば事前にそういう質問があることをお子さまに伝えておき、ふだんどおりに話すようにアドバイスしておきましょう。どうしても不自然になるので答えの準備はしない方がよいと思います。

【おすすめ問題集】

新 小学校受験の入試面接Ｑ＆Ａ、面接テスト問題集、面接最強マニュアル
新口頭試問・個別テスト問題集、Ｊｒ・ウォッチャー21「お話作り」

家庭学習のコツ③　効果的な学習方法～問題集を通読する

過去問題集を始めるにあたり、いきなり問題に取り組んではいませんか？　それでは本書を有効活用しているとは言えません。まず、保護者の方が、すべてを一通り読み、当校の傾向、ポイント、問題のアドバイスを頭に入れてください。そうすることにより、保護者の方の指導力がアップします。また、日常生活のさまざまなことから、保護者の方自身が「作問」することができるようになっていきます。

2019年度以前の問題

問題12　分野：数量（数える、ひき算、座標の移動）

考え　観察

〈準　備〉　鉛筆

〈問　題〉　**問題12-１の絵は縦に使用してください。**
（問題12-１、問題12-２の絵を渡す）
問題12-１の絵を見て質問に答えてください。
①ハチは何匹飛んでいるでしょうか。四角の中にその数の分だけ○を書いてください。
②飛んでいる気球のうち３つ降りてきました。今、飛んでいる気球はいくつでしょうか。四角の中にその数の分だけ○を書いてください。
③後ろから２番目に乗っているゾウさんが、ブタさんの前に移動しました。今、前から６番目に座っている動物は誰ですか。選んで○をつけてください。
④今、後ろから３番目に座っている動物は誰ですか。選んで○をつけてください。

〈時　間〉　①10秒　②③④各20秒

〈解　答〉　①○：９　②○：５　③真ん中（ウサギ）　④右端（ニワトリ）

［2019年度出題］

学習のポイント

例年出題されている、数量に関しての総合的な問題です。ここ数年、ほぼ同内容の問題が必ず出されているので、万全の対策をとっておく必要があります。とは言え、難しい問題ではないので、過去問を中心に繰り返し学習をしておけば問題ありません。こうしたパターンの出題が必ずあるということを覚えておきましょう。本問に限らず、当校の入学試験全般に言えることですが、いわゆる難題というものはあまり多くありません。基礎的な学習をしっかりしておけば、充分に対応できる問題です。ということは、ミスが許されないとも言えるので、出題傾向をしっかりと把握して、苦手分野をなくしていくことが重要になってきます。幅広い学習を心がけ、基礎学力アップを目指していきましょう。

【おすすめ問題集】
Ｊｒ・ウォッチャー14「数える」、38「たし算・ひき算１」、
39「たし算・ひき算２」、47「座標の移動」

問題13　分野：お話の記憶　聞く　集中

〈準備〉　鉛筆

〈問題〉　お話をよく聞いて、後の質問に答えてください。

公園に遊びに行くために、動物たちは駅で待ち合わせをしています。はじめに降りてきたのはタヌキさんです。その後、クマさんとサルさんが降りてきました。３人で待っていると、しばらくしてウサギさんもやってきました。みんな揃ったので、公園に向けて出発します。
仲良く歩いていると大きな公園に着きました。早速、クマさんとタヌキさんはブランコで、サルさんとウサギさんは砂場で遊び始めます。遊んでいると、ブランコにあきてしまった２人は、それぞれ別々に遊ぶことにしました。クマさんはすべり台、タヌキさんはのぼり棒で遊び始めました。サルさんとウサギさんは、ずっと砂場で大きなお城を作っています。
お昼になったので、お弁当を食べることにしました。するとクマさんが「急いでいたからお弁当を忘れちゃった」と、泣き出しそうな顔で言いました。ほかの３人はそれぞれお弁当を分けてあげることにしました。ウサギさんはサンドイッチ、サルさんはおにぎり、タヌキさんはウインナーをあげました。クマさんはみんなにお礼を言いました。これでみんな仲良く食べることができます。
お弁当を食べた後も公園で遊び続け、気が付けばもう夕方です。みんないっしょに帰ることにしました。タヌキさん、クマさん、サルさんは電車で、ウサギさんはお家が近くにあるので歩いて帰ります。「また遊ぼうね」とみんなで約束をして、それぞれのお家に帰っていきました。

（問題13の絵を見せる）
①すべり台で遊んでいた人は誰でしょうか。選んで○をつけてください。
②お弁当を忘れたのは誰でしょうか。選んで○をつけてください。
③おにぎりをあげたのは誰でしょうか。選んで○をつけてください。
④歩いてお家に帰ったのは誰でしょうか。選んで○をつけてください。

〈時間〉　各15秒

〈解答〉　①真ん中（クマ）　②真ん中（クマ）　③左から２番目（サル）
④左端（ウサギ）

［2019年度出題］

学習のポイント

お話自体シンプルで、流れもつかみやすく、「お話の記憶」の基本とも言える内容です。問題もすべて「〇〇したのは誰でしょうか」という、すべてお話の中に出てくるものばかりなので、確実に正解しておかなければならないでしょう。もし、ここでつまずいてしまっているようなら、保護者の方がその原因を見つけてあげましょう。原因は「お話が理解できない」「お話を覚えられない」「お話を聞いていない」などです。ちなみに、そのすべてを解決する方法があります。それは「読み聞かせ」です。当たり前のことすぎて拍子抜けしてしまったかもしれませんが、何度も読み聞かせをしてあげることで、まず「聞く」ことができるようになり、「理解」できるようになり、「記憶」できるようになるのです。はじめは聞いているだけでもＯＫです。少しずつ長いお話にしたり、質問をしたりというようにステップアップしていきましょう。

【おすすめ問題集】
１話５分の読み聞かせお話集①・②、お話の記憶　初級編・中級編、
Ｊｒ・ウォッチャー19「お話の記憶」

問題14 分野：言語（しりとり）

語彙 知識

〈準備〉 鉛筆

〈問題〉 上から下までしりとりでつながるように、それぞれの四角の中から絵を選んで○をつけてください。

〈時間〉 ①30秒　②45秒

〈解答〉 下図参照

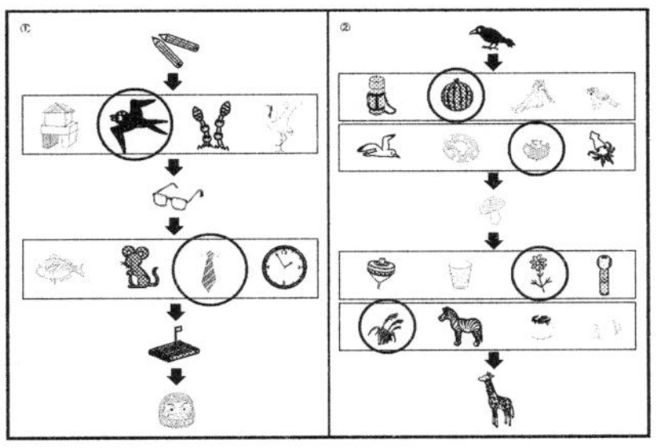

［2019年度出題］

学習のポイント

小学校入試のしりとりは、文字や言葉ではなく、絵をつなげていくことがほとんどなので、まずその絵が何を表しているのかがわからないと問題を解くことができません。絵が何を表しているのか理解していることは、しりとり以前の知識として必要なものになっていきます。出題の形式としては、しりとりの途中が空欄になっていたり、いくつかの選択肢の中から選ぶという形がよく見られます。そこで必要になるのが頭音（とうおん）と尾音（びおん）という知識になります。少し難しい用語になってしまいますが、言葉のはじめの音を頭音、最後の音を尾音と言います。その尾音と頭音を途切れずつなげていく遊びがしりとりです。言葉で説明すればこういうことなのですが、多くのお子さまは体験的にしりとりを知っていると思うので、こうした理屈は教える必要はないでしょう。ただ、たくさんの言葉を知っていることは、しりとりに限らずさまざまな場面でメリットがあるので、身に付けさせておいてほしい知識と言えます。

【おすすめ問題集】

Ｊｒ・ウォッチャー17「言葉の音遊び」、18「いろいろな言葉」
60「言葉の音（おん）」

問題15　分野：図形（図形の構成）

考え　観察

〈準備〉　鉛筆

〈問題〉　左の四角の中の形を４つ使ってできる形を右の四角の中から選んでください。ただし、形を裏返すことはできますが、重ねることはできません。

〈時間〉　１分30秒

〈解答〉　①左端　②右端　③右から２番目　④右から２番目

［2019年度出題］

学習のポイント

４つの同じ形が規則的に並ぶ形なので、さほど迷わずに正解できるかもしれませんが、④に関しては、少し頭をひねらないと間違えてしまいがちです。パッと見て左から２番目を選んでしまいそうですが、正解は右から２番目です。正解と言われた後でも、「？」と思ってしまう方もいるでしょう。こうした問題こそ、頭の中ではなく、実際に手を動かしてやってみることが重要になってきます。簡単な例で言うと、「同じ形の三角形を２つ合わせると四角形になる」ということは理屈ではなく、感覚的にわかっていることだと思います。そうした感覚を養うためには、本問をコピーして切り取るなどして、実際に手を動かしながら学習するという方法が効果的です。実際に体験することで、それぞれの形の持つ規則性が理解できるようになり、試験においては直感的に解答を見つけることができるようになるので、解答時間の短縮にもなります。

【おすすめ問題集】

Ｊｒ・ウォッチャー３「パズル」、45「図形分割」、54「図形の構成」

問題16　分野：図形（四方からの観察）

考え 観察

〈準 備〉　鉛筆

〈問 題〉　（問題16-１、問題16-２の絵を渡す）
問題16-１の絵を見て質問に答えてください。
真ん中にある四角を動物たちが見ています。
①左の形はどの動物から見た形でしょうか。右の四角の中から選んで○をつけてください。②も同じように○をつけてください。
③ネコから見た時、形はどのように見えているでしょうか。同じ形になるように記号を書いてください。

〈時 間〉　①②各20秒　③１分

〈解 答〉　下図参照

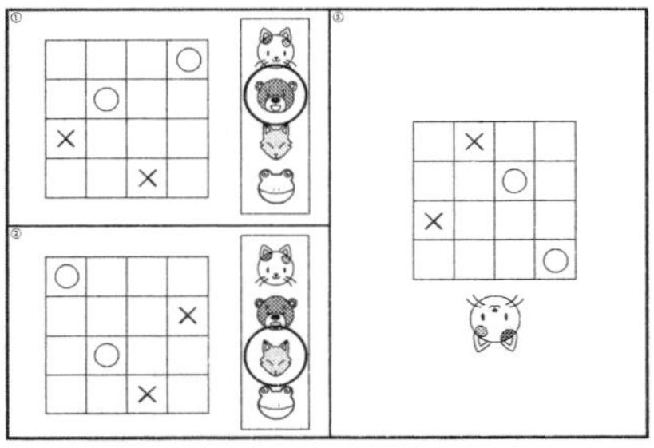

［2019年度出題］

学習のポイント

平面での四方からの観察という、当校以外ではあまり見ることのない出題です。形式は四方からの観察ですが、内容としては回転図形の問題とも言えます。ただ、単純に図形を回転させるのではなく、マス目に書かれている記号もいっしょに回転し、位置が変わるという「座標」や「位置移動」の要素も含まれているので、少し複雑にはなります。しかし、図形に書かれている記号もそれほど多くなく、１つひとつ確認しながら進めていけば確実に正解できる問題とも言えます。なお、座標の回転の解き方としては、特徴的な部分がどこに移動したかを見るというものがあります。本問で言うと、角にある○に注目するとわかりやすいかもしれません。角の○がどこにあるのかで、どの動物から見たものかがわかります。特徴的な部分を見つけ、そこを手がかりにして誰から見た形なのかを判断していきましょう。

【おすすめ問題集】
Ｊｒ・ウォッチャー10「四方からの観察」、46「回転図形」

問題17　分野：常識（理科）

知識　観察

〈準備〉　鉛筆

〈問題〉　左の四角の中の絵を線のところで切ると、切ったところはどのように見えるでしょうか。右の四角の中から選んで○をつけてください。

〈時間〉　各15秒

〈解答〉　①左から２番目　②右から２番目　③右から２番目

［2019年度出題］

学習のポイント

こうした常識問題は、知らなければ解くことができないので、毎日の積み重ねの中で少しずつ知識を蓄えていくことが大切です。常識問題全般に言えることですが、できるだけ生活の中で知識を身に付けていくことが理想と言えます。暗記や詰め込みといった形になると、お子さまにとってはどうしても「やらされている」という意識になってしまいます。あくまでも常識は自然と身に付いていくもので、教え込むものではありません。本問のような問題は生活の中で、お子さまに本物を見せてあげることができます。頭ではなく体験として感じることができ、食事のお手伝いが学習にもつながっていきます。お子さまが学びを得る機会は日常の中にたくさんあるので、そうしたところから少しずつ知識の幅を広げていきましょう。

【おすすめ問題集】

Ｊｒ・ウォッチャー27「理科」、55「理科②」

問題18　分野：常識（季節・日常生活）

知識

〈準備〉　鉛筆

〈問題〉　上の絵と関係あるものを下から選んで、それぞれを線でつないでください。

〈時間〉　40秒

〈解答〉　下図参照

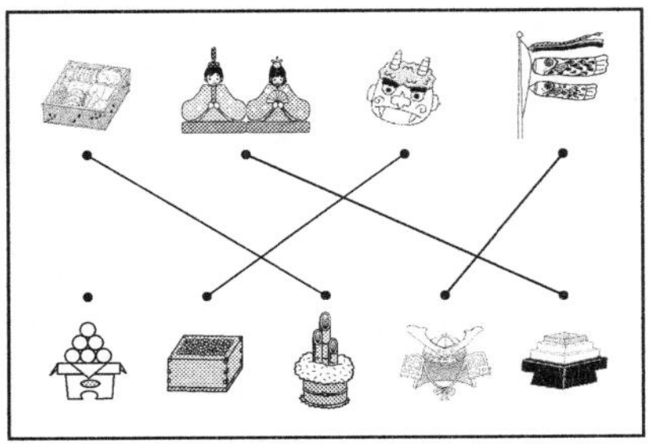

［2019年度出題］

学習のポイント

本問にあるような行事を実体験するということは、最近ではあまり多くはないのかもしれません。とは言っても、小学校受験においては、こうした季節行事の問題は多くの学校で出題されています。つまり、保護者の方は、こうした季節行事があることをお子さまに教えてあげる必要があります。そうした時に気を付けてもらいたいのが、絵や言葉だけではなく、その意味や同じ季節のほかの行事、その季節に咲く花など、関連したものもいっしょに学ぶことです。さまざまなものを関連付けることで、記憶の定着にもつながり、知識もより深くなっていきます。本格的にすることは難しいかもしれませんが、お子さまといっしょに、折り紙でおひなさまやこいのぼりを作ったりしながら、行事を疑似体験してみるのもよいでしょう。

【おすすめ問題集】

Ｊｒ・ウォッチャー12「日常生活」、34「季節」

問題19　分野：言語（言葉の音・いろいろな言葉）

語彙　知識

〈準備〉　鉛筆

〈問題〉　①四角の絵の中で、名前に同じ音が２つ入っているものはどれでしょうか。
選んで○をつけてください。
②四角の絵の中で、「かけたり、きったり」できるものはどれでしょうか。
選んで○をつけてください。
③四角の絵の中で、「さしたり、とじたり」できるものはどれでしょうか。
選んで○をつけてください。

〈時間〉　①30秒　②③各15秒

〈解答〉　下図参照

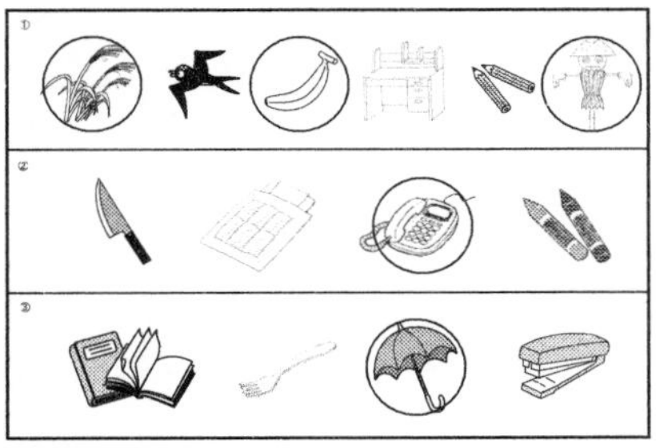

[2019年度出題]

学習のポイント

①正解は１つとは限らないので、問題をよく聞いてから解答しましょう。②③例題として、カーテンは「開けたり、閉めたり」できます、というようにお手本が示されました。このように、問題の意味がわかりにくそうなものには、はじめに例題が示されることがあります。ものの名前ではなく動作を表す言葉なので、絵を見せて言葉を覚えるというような学習ではなく、日々の暮らしの中で教えてください。言葉自体は日常的によく使うものではありますが、もしかすると固定型の電話は、家で使っていないという家庭もあるかもしれません。そのような時は「こういう形の電話もある」ということを教えてください。また、こうした対になる言葉が、ほかにはないかお子さまに質問してみるのもよいでしょう。すぐに役立つ知識ではないかもしれませんが、やがては大きな積み重ねになっていきます。

【おすすめ問題集】
Ｊｒ・ウォッチャー17「言葉の音遊び」、18「いろいろな言葉」、
60「言葉の音（おん）」

問題20　分野：常識（理科）　知識

〈準　備〉　鉛筆

〈問　題〉　①左の生きものが棲んでいるところはどこでしょうか。右から選んで、それぞれを線でつないでください。
②四角の中で、たまごを生む生きものはどれでしょうか。選んで○をつけてください。

〈時　間〉　各１分

〈解　答〉　下図参照

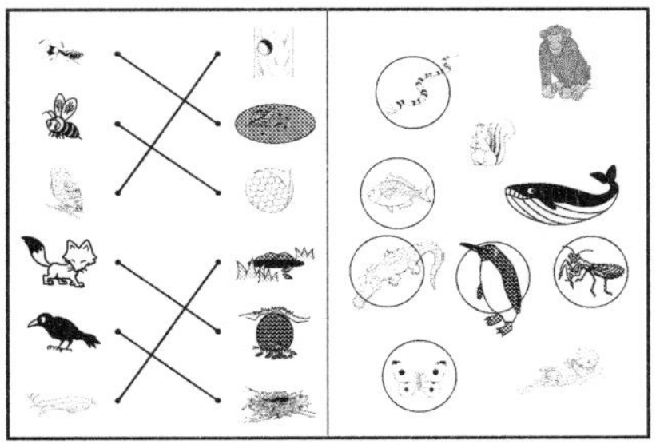

［2019年度出題］

学習のポイント

ここに描かれている生きものの名前は、特別な学習をしなくても、おおよそ知っていると思います。ただ、その生きものがどこに棲んでいるのか、たまごを産むかどうかというところまでは、積極的に学ぼうとしなければわかりません。もう一歩踏み込んだ知識があるかどうかという部分が、本問では問われているのです。言い換えれば、知的好奇心を持っているかどうかということです。受け身ではなく、自らが学ぶ姿勢を持っているかどうかは、小学校に入学してからも必要になってくる重要な資質です。そうしたところを観るという意味も、本問には含まれていると考えてもよいでしょう。興味や関心を持つということは、学習をより深めていく絶好のチャンスです。動物に関心があるならば、動物園に行ったり、図鑑を見せてあげるようにして、お子さまの学ぼうとする意欲を伸ばすようなサポートをしてあげてください。

【おすすめ問題集】

Ｊｒ・ウォッチャー27「理科」、55「理科②」

問題21　分野：お話の記憶

聞く　集中

〈準備〉　鉛筆

〈問題〉　今日はゾウさんの誕生日です。クマさんのレストランでお誕生日会があるので、ウサギさんはネコさんといっしょに行くことにしました。ネコさんのお家には車が置いてあります。ウサギさんは、まずネコさんのお家に行きます。その後、ネコさんといっしょにプレゼントを買うために花屋さんに寄ってからレストランに向かいました。お誕生日会が終わり、ウサギさんはレストランの前でネコさんにお別れをして、来た時とは別の道で帰ることにしました。その時、お手紙を出すのを思い出したウサギさんは、レストランから１番近いポストで手紙を出して、お家に帰りました。

①ウサギさんがネコさんのお家に行く途中で右側に見えるものは何でしょうか。四角の中から選んで○をつけてください。
②ウサギさんはネコさんの家に着くまでに何回左に曲がったでしょうか。四角の中にその数だけ○を書いてください。
③ウサギさんが手紙を出したポストは、どのポストでしょうか。地図の中から選んで○をつけてください。
④ウサギさんがレストランからお家に帰るまでに何回信号を渡ったでしょうか。四角の中にその数だけ○を書いてください。

〈時間〉　①15秒　②20秒　③15秒　④20秒

〈解答〉　①左から２番目（噴水）　②○：３　③下図参照　④○：４

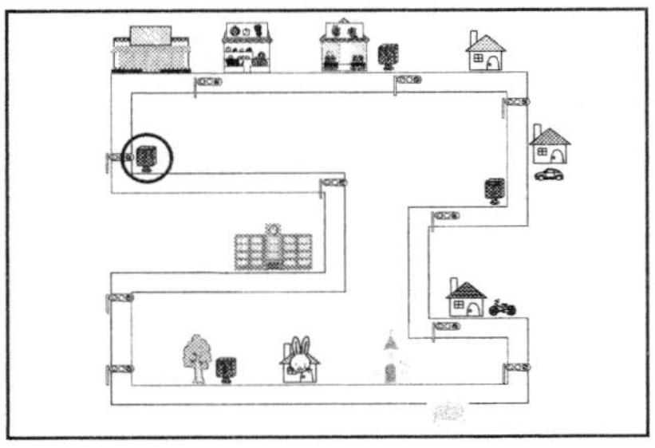

［2019年度出題］

学習のポイント

地図を使ったお話の記憶という、当校独特の問題です。地図を使うこと以外は、オーソドックスなお話の記憶ですが、ウサギさんの視点でお話が進み、問題もすべてウサギさんが何をしたかが問われているところが特徴と言えます。地図がある分、通常のお話の記憶より簡単に感じられるかもしれません。自分がこの地図の上で、どこにいて何をしているのかということをイメージしながら進めていくことで、問題も解きやすく、地図の読み方もわかってくるようになります。小学校に入学したら、１人で通学しなくてはいけません。そうした意味では、地図に慣れて、それを使って行動してほしいという意図が、この出題に込められていると考えられます。

【おすすめ問題集】
　１話５分の読み聞かせお話集①・②、お話の記憶 初級編・中級編、
　Ｊｒ・ウォッチャー19「お話の記憶」

問題22　分野：巧緻性（運筆・制作）

聞く　集中

〈準 備〉　クーピーペン（12色）

〈問 題〉　黒のクーピーペンで、かばんの点線をなぞります。次に、黒のクーピーペンで、かさの絵の隣に同じ絵を描いてください。最後に、ドレスを好きな色のクーピーペンで塗りましょう。ただし、模様を描いてはいけません。

〈時 間〉　10分程度

〈解 答〉　省略

［2019年度出題］

学習のポイント

まず、問題をよく聞きましょう。そして、指示を守って課題に取り組むことが大切なポイントです。もちろん、制作問題ですので、できあがったものに差はあるかもしれませんが、それよりも話をしっかり理解できているかどうかの方が、小学校入試では重視される傾向にあります。本問で言えば、「かばんの点線をなぞる」「かさの絵を描く」「ドレスをカラフルに塗る」という順番が指示されています。その後で「模様を描いてはいけません」という注意事項も加わります。完成度というのは、こうした指示にしたがった上での話になります。結果だけではなく、過程も観ているのです。むしろ、「過程だけ」をと言った方がより近いかもしれません。保護者の方は、個別テストとは、そういう観られ方をしているものだということを覚えておいてください。

【おすすめ問題集】
　実践 ゆびさきトレーニング①・②・③、
　Ｊｒ・ウォッチャー23「切る・貼る・塗る」、51「運筆①」、52「運筆②」

問題23　分野：巧緻性（ひも通し）

聞く　集中

〈準備〉　くつひも
くつの絵を四角の線で切り離し、くつひもを通す穴を開けておく。

〈問題〉　①見本の通りにくつひもを穴に通してください。
②通し終わったら、チョウチョ結びをしてください。

〈時間〉　5分程度

〈解答〉　省略

［2019年度出題］

学習のポイント

裏側の見本も示されているということは、当然ですが裏側も見本通りにひもを通さなければいけません。ひもが交差する部分は、どちらのひもが上になるのかというところまで、気を配りましょう。一般的なひも通しの場合は1本のひもを穴に通していく形ですが、くつひもの場合は、まずひもを半分の長さに折って、つま先の2つの穴にそれぞれ通し、交差しながら穴に通していくという作業になります。ひもの両端を使い、その両端をほぼ同時進行で穴に通していかなければいけません。保護者の方が思っている以上に、お子さまにとっては難しい作業になると思います。ですので、少し長い目で見守ってあげてください。覚えてしまえば、再現するのは難しいことではないので、一歩一歩ステップアップできるようにサポートしてあげましょう。

【おすすめ問題集】
実践 ゆびさきトレーニング①・②・③、Ｊｒ・ウォッチャー25「生活巧緻性」

家庭学習のコツ④　効果的な学習方法～お子さまの今の実力を知る

1年分の問題を解き終えた後、「家庭学習ガイド」に掲載されているレーダーチャートを参考に、目標への到達度をはかってみましょう。また、あわせてお子さまの得意・不得意の見きわめも行ってください。苦手な分野の対策にあたっては、お子さまに無理をさせず、理解度に合わせて学習するとよいでしょう。

問題24　分野：面接（口頭試問）

聞く　話す

〈準備〉　なし

〈問題〉　※問題24の絵を見ながら答える
（箱を指さして）
「何が入っていたらうれしいですか」
（かばんを指さして）
「幼稚園（保育園）に行くときにどんなかばんを持っていきますか」
「誰がその準備をしていますか」
（本を指さして）
「好きな本は何ですか」「どんなところが好きですか」
（クレヨンを指さして）
「好きな色は何ですか」「どんな絵を描きたいですか」
（窓を指さして）
「窓の外には何が見えると思いますか」

〈時間〉　５分程度

〈解答〉　省略

［2019年度出題］

学習のポイント

絵を見ながら、さまざまな質問に答えていくという形式の課題が、例年、面接時に出題されています。本年は部屋の中にいる女の子の絵でしたが、昔話の場面がいくつか並んでいるものだったり、食べ物の写真が並んでいるものだったりと、いくつかのパターンがあります。あくまでも面接の一環なので、質問内容自体にそれほど大きな意味があるわけではなく、その受け答えの態度を観ることが主眼となっているようです。具体的な対策をとるというよりは、大人の人とのコミュニケーションに慣れておくことの方が重要でしょう。面接では、「先生がやさしかった」との声もあったので、お子さまもあまり緊張せずに済むかもしれません。

【おすすめ問題集】
新 小学校受験の入試面接Ｑ＆Ａ、面接テスト問題集、面接最強マニュアル
新口頭試問・個別テスト問題集

問題25　分野：運動

聞く　集中

〈準備〉　お手玉（２個）

〈問題〉　この問題の絵はありません。

（２つのグループに分かれ、向かい合う形で２列に並びます。１つの課題が終わったら列の後ろに並んで待ちます。）

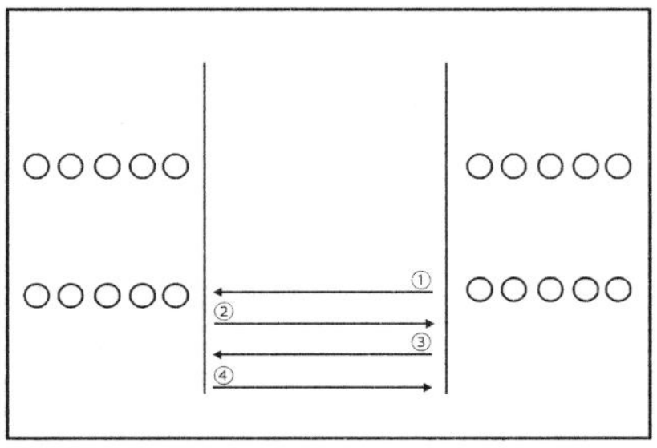

①かけっこしましょう。
②スキップをしましょう。
③ギャロップをしましょう。
②お手玉をできるだけ遠くに投げましょう（２回）。

〈時間〉　適宜

〈解答〉　省略

［2019年度出題］

学習のポイント

２日間あった試験日程が１日になった関係からか、これまでに行われていたようなサーキット運動ではなく、シンプルな運動へと変更になりました。こうした内容の変更があったとしても、観られているところは基本的に変わりません。「指示をきちんと聞くこと」「指示通りに行動すること」「最後までやりきること」など、課題に対してどう取り組んでいくのかが問われています。もちろん上手にできた方がよいのですが、できなかったとしても意欲的な姿勢は評価されます。お子さまがあまり運動が得意でなかったとしても、あきらめるのではなく、一生懸命取り組むことが大切だということを、しっかりと教えてあげてください。

【おすすめ問題集】

新運動テスト問題集、Ｊｒ・ウォッチャー28「運動」

問題26　分野：行動観察

聞く　集中

〈準備〉　なし

〈問題〉　この問題の絵はありません。
①グループに分かれて、先生から指示された歌をうたいましょう。
②音楽に合わせて、先生から指示された歩き方をしましょう。
③先生が言った言葉の音数と同じ人数のグループを作って、手をつないでください（例えば、トマトなら３人でグループになって手をつなぐ）。

〈時間〉　適宜

〈解答〉　省略

［2019年度出題］

学習のポイント

当校の行動観察では、音楽的な要素を取り入れた課題が、例年出されています。昨年まではリズム体操とゲームでしたが、本年は歌と音楽に合わせた指示行動という内容でした。課題に変更はありましたが、もともと音楽を取り入れた行動観察だったので、さほど戸惑いもなくできたお子さまが多かったようです。「聞く」「理解する」「実行する」という、行動観察の基本が理解できていれば問題なくできる課題です。今年度から試験スケジュールが２日間から１日ですべて終了させる方式に変更になりましたが、試験内容が大きく変わったということはありませんでした。説明会において、2020年度も試験日は１日のままという告知がありましたので、今年度の形が継続されるものと考えられます。

【おすすめ問題集】
新口頭試問・個別テスト問題集、新ノンペーパーテスト問題集

問題27　分野：数量（数える、選んで数える、たし算・ひき算）

考え　観察

〈準備〉　鉛筆

〈問題〉　（問題27-１、問題27-２の絵を渡す）
問題27-１の絵を見て質問に答えてください。
①ちょうちんは何個あるでしょうか。四角の中にその数の分だけ○を書いてください。
②金魚すくいをしているウサギさんが３匹ずつすくい上げると、金魚は残り何匹になるでしょうか。四角の中にその数の分だけ○を書いてください。
③白いキノコと黒いキノコは、どちらが何個多いでしょうか。多い方の絵に○をつけ、四角の中にその数の分だけ○を書いてください。
④風船が３個飛んでいっていましました。残りは何個あるでしょうか。四角の中にその数の分だけ○を書いてください。
⑤わたあめ屋さんでは、朝に３個、お昼に１個、夕方に４個、わたあめが売れました。全部で何個売れたでしょうか。四角の中にその数の分だけ○を書いてください。
⑥鳥が４羽飛んでいって、３羽飛んできました。今、何羽いるでしょうか。四角の中にその数の分だけ○を書いてください。

〈時間〉　各20秒

〈解答〉　①○：７　②○：６　③黒いキノコに○、○：１
④○：３　⑤○：８　⑥○：５

［2018年度出題］

学習のポイント

一見、見る記憶の問題と思ってしまいそうな絵ですが、すべて数量の問題です。問題自体はさほど難しいものではありませんが、数えなければいけないものが、あちらこちらに離れていたりしているので、見逃しや数え間違いには注意しなければいけません。また、絵にあるものだけを数えればよいわけではなく、絵の状態からいくつか減って、いくつか増えるといった問題も多いので、元の数はいくつか、減った数はいくつか、増えた数はいくつかということを頭の中でしっかりと記憶しておく必要があります。全体として見ると少し手間がかかりそうですが、１つひとつは単純な数量問題なので、ミスなく確実に解答していきましょう。

【おすすめ問題集】
Ｊｒ・ウォッチャー14「数える」、37「選んで数える」、
38「たし算・ひき算１」、39「たし算・ひき算２」

問題28　分野：お話の記憶

聞く　集中

〈準備〉　鉛筆

〈問題〉　お話をよく聞いて、後の質問に答えてください。

「お買い物に行ってくるから、お家から出ないようにね」と言って、あきらくんのお母さんは出かけていきました。あきらくんはペットたちとお留守番です。あきらくんは、イヌ、ネコ、リスを飼っています。お留守番の間に、本を読もうと思ったあきらくんでしたが、少し眠くなっていまいました。おもしろい番組でもやっていないかとテレビをつけましたが、見たい番組がなかったのでテレビを消したその時、「ドーン」という大きな音が庭の方から聞こえました。すると、急にテレビがついて、「庭に落ちたものはあなたの宝物です」と声が聞こえてきました。庭を見てみると、イヌが落ちたものをくわえています。それは１円玉くらいの小さな星でした。宝物と言われて期待していたあきらくんは、「こんなの宝物じゃないよ」とがっかりして、捨ててしまいました。すると、小さな星が落ちたところからきれいな花が咲きました。「宝物を捨ててしまったのですね」と、またテレビから声が聞こえてきました。「その花には絶対に触ってはいけません」と続けて聞こえてきます。触ってはいけないと言われたのですが、とてもきれいなチューリップの花だったので、あきらくんはつい触ってしまいました。その瞬間、花びらがすべて散ってしまいました。ですが、花びらが落ちたところから、また花が咲きました。あきらくんはお家に飾ろうと思い、摘もうとしてもう一度花に触ると、また散ってしまいました。「触ってはいけないんだよ」とネコが言いましたが、あきらくんは聞きません。次から次へと触ったので、庭は花だらけになってしまい、庭の外にまで花が咲き始めました。おもしろがっていたあきらくんも、困ってしまいました。「約束を破ってしまいましたね」と、テレビから声が聞こえてきました。あきらくんが素直に謝ると、「力を貸してあげるから、公園の噴水まで来なさい」と言われたので、イヌとリスを連れて公園に行きました。ネコはお母さんの言いつけを守って、外には出ませんでした。公園に着くと、噴水のところに大きなロケットがありました。「これはプレゼントです」と声が聞こえて、何か落ちてきました。ロケットはそのまま飛び去ってしまいました。落ちてきたものはバッタでした。あきらくんはバッタをお家に持って帰り庭に放すと、どんどん花を食べ始めました。花は減っていきましたが、今度はバッタが増えていきます。花だけでなく、近所の畑の野菜まで食べ始め、まだまだ増え続けています。あきらくんとイヌとリスは急いで家に駆け込みドアを閉めたところで、あきらくんは目が覚めました。「夢か……」あきらくんは本を読みながら眠ってしまっていたのでした。庭には、花も咲いておらず虫もいませんでした。

（問題28の絵を見せる）
①庭に落ちたものを見つけたのは誰でしょうか。選んで○をつけてください。
②あきらくんが公園に連れて行ったのは誰でしょうか。選んで○をつけてください。
③あきらくんは公園のどこに行ったでしょうか。選んで○をつけてください。
④あきらくんが行った場所には何があったでしょうか。選んで○をつけてください。
⑤お母さんの言いつけを守ったのは誰でしょうか。選んで○をつけてください。
⑥庭に落ちていたのは何だったでしょうか。選んで○をつけてください。
⑦プレゼントは何だったでしょうか。選んで○をつけてください。
⑧増えた花は何だったでしょうか。選んで○をつけてください。

〈時間〉　各15秒

〈解答〉　①左端（イヌ）　②左端（イヌ）、右端（リス）　③左端（噴水）
④左から２番目（ロケット）　⑤左から２番目（ネコ）
⑥右から２番目（星）　⑦左端（バッタ）　⑧左端（チューリップ）

［2018年度出題］

学習のポイント

お話も長く、解答数も多いので最後まで集中力を切らさずに聞くことができるかというところが最大のポイントとなるでしょう。少し不思議なお話の内容なので、「次はどうなるんだろう」とお子さまの性格によっては、興味を持って聞いてくれるかもしれません。不思議なお話だけに、急にロケットが出てきたり、プレゼントがバッタだったりと、登場するものにあまり関連性がないので、記憶するということに関しては難しさがあるかもしれません。難しさがある反面、唐突に出てくるものは、それが解答になる可能性が高いとも言えます。ハウツー的な話になってしまいますが、お話の中で違和感や気になるところは覚えておくとよいでしょう。読み聞かせや、お話の記憶の問題をやっていると、「ここが問題になりそうだな」という感覚が徐々に身に付いてくるので、たくさんのお話をお子さまに聞かせてあげましょう。

【おすすめ問題集】

1話5分の読み聞かせお話集①・②、お話の記憶 初級編・中級編、
Ｊｒ・ウォッチャー19「お話の記憶」

問題29 分野：図形（置き換え・座標）

観察 考え

〈準 備〉 鉛筆

〈問 題〉 ①上の四角の中の絵を見てください。それぞれ絵が記号に変わるお約束が書いてあります。このお約束通り、左側のマス目に書かれている絵と同じ位置に、右側のマス目に記号を書いてください。②も同じように書いてください。

〈時 間〉 ①１分 ②２分

〈解 答〉 下図参照

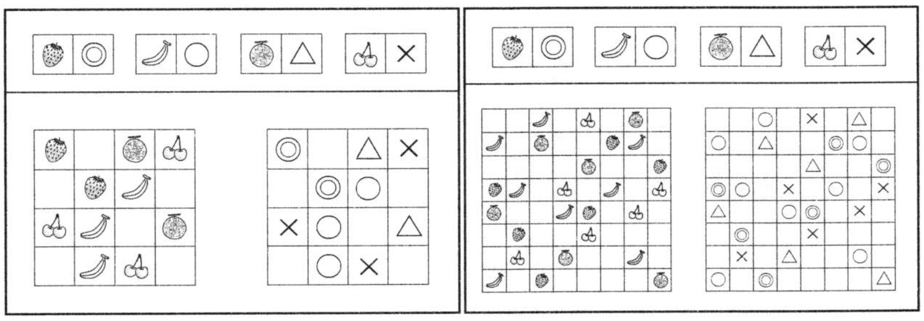

［2018年度出題］

学習のポイント

生きものや食べものなどの絵を、記号に変換する作業を「置き換え」と言います。小学校入試において、置き換えの問題が単独で出題されるということはあまりなく、本問のようにほかの分野との複合問題出されることがほとんどです。今回は座標と置き換えの複合問題で、解答するためには２段階のステップが必要になります。座標は見本と同じ位置に同じ記号を書くという単純な作業になります。それに置き換えを加えると、絵を頭の中で記号に変えて、見本と同じ位置に変えた記号を書くという作業になるのです。時間をかければ解ける問題ではありますが、こうした問題は、入学試験においては時間設定が厳しいことが多いので、最終的には速さを求めていかなければいけません。ですが、準備の段階では、正しい解答をするということを第１の目的にすべきです。確実に正解できることができるようになってからスピードを意識するようにしましょう。

【おすすめ問題集】

Ｊｒ・ウォッチャー２「座標」、57「置き換え」

問題30　分野：図形（回転図形）

観察　考え

〈準備〉　鉛筆

〈問題〉　左の四角の中の形と同じものはどれでしょうか。右の四角の中から選んでください。ただし、裏返しにしてはいけません。

〈時間〉　各30秒

〈解答〉　①左端　②右端　③左から２番目　④左から２番目　⑤左から２番目　⑥左端

［2018年度出題］

学習のポイント

当校の図形問題は、年度によって異なる出題パターンが多く、2018年度は図形の回転が出題されました。学習をはじめたばかりなら、頭の中で図形を回転させることはお子さまにとって難しいことです。多少手間はかかりますが、実際に図形を回転させて答えを確認していきましょう。紙の上だけで考えるなら、特徴的な記号や形を手がかりにして、１つひとつ形を見ていくことがポイントです。そうすることで、回転した時にどういう形になるかが感覚的に覚えられます。頭で覚えるのではなく、目で覚えるという感じでしょうか。慣れてくるにしたがって、見ただけで正解がわかるようになっていきます。同じ図形でも角度が変わると違って見えるということを理解し、さまざまな角度から図形を見せてあげることで、違っているように見えても同じ形ということが感覚的につかめるようにしていきましょう。

【おすすめ問題集】

Ｊｒ・ウォッチャー46「回転図形」

問題31　分野：常識（理科）

知識

〈準備〉　鉛筆

〈問題〉　①上に描いてあるものは、下のどれを切ったものでしょうか。下から選んで、それぞれを線でつないでください。
②上の花と同じ季節に咲く花はどれでしょうか。下から選んで、それぞれ線でつないでください。
③四角の中で１つのたまごからたくさんの子どもが生まれるものはどれでしょうか。選んで○をつけてください。
④四角の中で子どもの時に水の中にいるものはどれでしょうか。選んで○をつけてください。

〈時間〉　各30秒

〈解答〉　下図参照

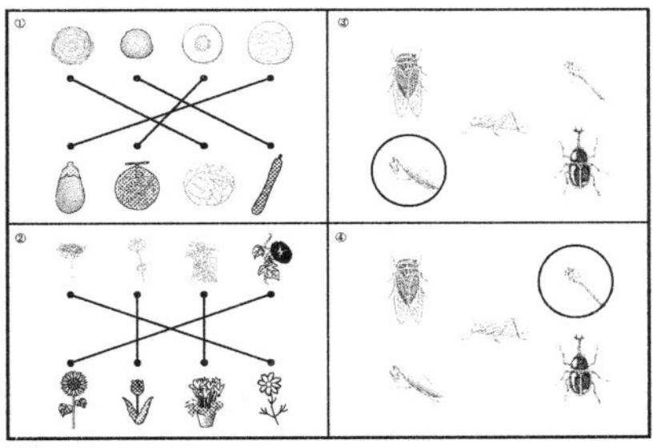

［2018年度出題］

学習のポイント

当校では、野菜や果物に関する理科常識問題がよく出題されます。こうした問題は、正解できるかどうかが、経験・体験の有無によって大きく左右されるので、日常の中で少しずつ知識を蓄えられるように保護者の方が気を配ってください。これらのものは身近にあるものですし、本物を目にするという経験は、紙の上の学習以上の効果を得ることができます。常識問題は、学習ではありますが、生活の一部として取り組んでいくことをおすすめします。体験的に見たり聞いたりすることで、知識の幅は大きく広がります。小学校受験に向けてという目標はもちろん大切なことですが、常識という分野はそれ以降にも大きく関わっていきます。少し遠回りに思えるかもしれませんが、そうした知識は生活の中で身に付けるようにしていってください。ただ、虫はもう身近なものではなくなりつつあります。図鑑やインターネットなどを活用しながら、知識を深めていきましょう。もし、お子さまが虫に大きな関心をいだくようでしたら、時間と手間はかかるかもしれませんが、虫取りに連れて行ってあげましょう。そこで得られる経験は、学習にもきっと活かされるはずです。

【おすすめ問題集】
Ｊｒ・ウォッチャー27「理科」、55「理科②」

問題32　分野：常識（生活）

知識　公衆

〈準備〉　鉛筆

〈問題〉　１番上にある先生－黒板－学校のように、左の人と関係あるものはどれでしょうか。真ん中と右のものをそれぞれ線でつないでください。

〈時間〉　１分30秒

〈解答〉　下図参照

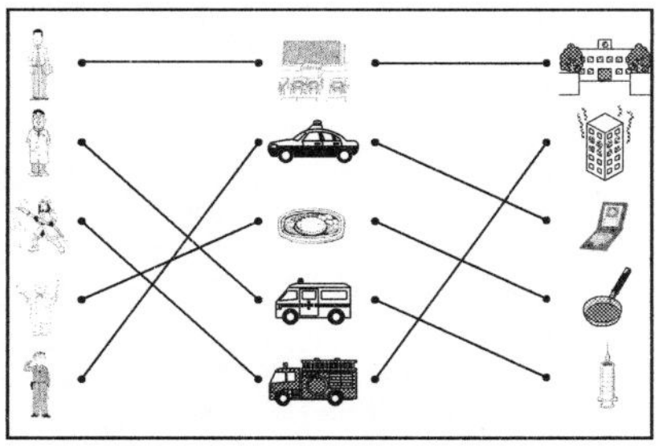

[2018年度出題]

学習のポイント

職業とそれに関連するものを問う問題です。実際に見たことがあるものも多いと思いますし、見たことがなかったとしても絵本や図鑑などで目にしたことがあるものがほとんどでしょう。ここ数年、常識問題で問われる「常識」の幅が広がってきています。そうしたこともあって、単なる知識ばかりを増やすこと力を入れてしまいがちです。ただ、本問のような問題は、受験のための常識ではなく一般常識と言えるものなので、生活の中で覚えるようにしていきましょう。学校が求めているのは、知識ではなく経験なのです。年齢なりの経験を積んできているのかを、こうした問題では観ています。ほかにもさまざまな職業があるので、机上の学習にとどまらず、お子さまの興味関心を広げるようにしていってください。

【おすすめ問題集】
Ｊｒ・ウォッチャー11「いろいろな仲間」、12「日常生活」

問題33　分野：常識（昔話）　知識

〈準備〉　鉛筆

〈問題〉　①四角の中で「一寸法師」に出てこないものはどれでしょうか。選んで○をつけてください。
②四角の中で「さるかに合戦」に出てくるものはどれでしょうか。選んで○をつけてください。
③四角の中で「鬼ヶ島」に出てこないものはどれでしょうか。選んで○をつけてください。

〈時間〉　各15秒

〈解答〉　①右から２番目（モモ）　②左端（カキ）　③右端（カメ）

［2018年度出題］

学習のポイント

当校では、常識問題などの知識を問われる問題が多いので、傾向の分析と対策は必須です。こうした問題は知らなければ解けないので、どのような知識が必要とされるかを知っておく必要があるわけです。この問題で聞かれている、昔話はよく出題されるテーマなので、有名なお話は一通り知っておいた方がよいでしょう。ただ、何となく知っているという、有名な場面だけの知識ではなく、１つのお話として聞かせてあげましょう。読み聞かせをしてあげれば、お話の記憶の学習としても役に立ちます。当校の入試で、なぜ知識を問う問題が出されるのかと言うと、それをきっかけにして、さまざまなものに興味を持ってもらいたいからなのです。保護者の方は、そうしたお子さまの好奇心を刺激するように務めてください。

【おすすめ問題集】
１話５分の読み聞かせお話集①・②

問題34　分野：言語（言葉の音）　語彙　観察

〈準備〉　鉛筆

〈問題〉　①四角の中で名前に「か」が入っているものはどれでしょうか。選んで○をつけてください。
②四角の中で名前のはじめの音が「く」のものはどれでしょうか。選んで○をつけてください。
③四角の中で名前の最後の音が「こ」のものはどれでしょうか。選んで○をつけてください。

〈時間〉　①１分　②③各20秒

〈解答〉　下図参照

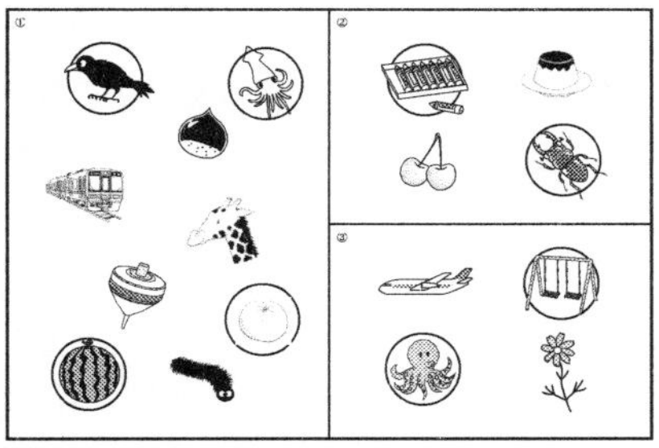

［2018年度出題］

学習のポイント

語彙の豊富さは、目にしたり、耳にしたりした言葉の量が大きくものを言います。だからといって、詰め込むように暗記をすればよいということではありません。言語分野の学習はどこででもできるので、机に向かってする必要はありません。保護者の方とお子さまの会話自体が学習と言えるのです。なので、生活の中に言語の学習を取り入れていきましょう。いっしょに買い物に行った時などには、積極的にもの（野菜、果物、花など）の名前を質問してみてください。そこから、「スイカの『す』がつく名前を３つ言えるかな」など、語彙のバリエーションが広がる工夫をしてください。読み聞かせも、お話の記憶だけでなく、言語の学習に効果的です。このように、１つのことで２つのことが学べるように学習の幅を広げていくことで、理解もさらに深まっていきます。

【おすすめ問題集】

Ｊｒ・ウォッチャー17「言葉の音遊び」、60「言葉の音（おん）」

問題35　分野：巧緻性、制作

聞く　集中

〈準備〉　紙皿、紙コップ、箸、プラスチックのナット、スーパーボール、ボールチェーン、クレヨン、はさみ、のり、ふきん、細長い青い画用紙

〈問題〉　（左の机で巧緻性、真ん中の机で塗り絵、右の机で制作を行う）
①左の机に行きましょう。これから３つの紙コップを順番に振ります。よく聞いて何が入っているのか考えてください。何が入っているかわかったら、お箸で順番通りに紙コップに入れてください。その時に、お皿もコップも触ってはいけません。
②真ん中の席に座ってください。上の口が開いている魚は赤、下の魚には黄、海藻は黄緑で塗りましょう。白いところがないように、ていねいに、速く、はみ出さないように塗ってください。
③色を塗った紙を持って右の席に座ってください。魚と海藻の太い線の真ん中を切ってください。
④次は先生といっしょにやりましょう。細長い画用紙の端の黒い線を折ってください。ここからは一度に説明するので、よく見ていてください（先生が説明しながら作る）。今、折ったところを広げずに半分に折ります。真ん中に線ができるので、はじめに折ったところは広げずに、その線に向かって両端を折ります。はじめに折ったところにのりをつけて、反対側の端と貼り合わせて、四角い形にします。これが水族館の水槽になります。切った魚と海藻をのりで貼ります。２匹の魚は反対の面になるように貼ります。海藻は残りのどちらの面に貼ってもかまいません。
⑤完成したら、手や机についたのりをふきんで拭いてください。

〈時間〉　15分程度

〈解答〉　省略

［2018年度出題］

学習のポイント

例年行われている、箸使いと制作です。箸使いに関しては、お皿からコップに箸でものを移す作業で、年度によって箸でつかむものが変わっています。今年は、コップを振って、その中に入っているものを当てるという課題が加わりました。制作は、先生が作り方のお手本を見せてくれますが、いくつかの工程をまとめて説明するので、しっかり聞いていないと混乱してしまいがちです。制作自体は難しいものではないので、話を聞いて、理解して、実行できているかという、その過程を重視していると考えられます。完成後も、「のりがついた手や机を拭きましょう」という指示があるので、でき上がったからといって気を抜かず、最後まで先生の言うことを聞き逃さないようにしてください。

【おすすめ問題集】
実践 ゆびさきトレーニング①・②・③、
Ｊｒ・ウォッチャー23「切る・貼る・塗る」

問題36　分野：お話の記憶

聞く　集中

〈準備〉　鉛筆

〈問題〉　お話をよく聞いて、後の質問に答えてください。

カエルさん、テントウムシさん、ヒヨコさん、アリさん、ネズミさんが原っぱに遊びに来ていました。突然カエルさんが、大きな声で「池だ！」と言って走り出し、池に飛び込んでしまいました。大好きな池の中で、カエルさんははしゃいでいます。「いっしょに泳ごうよ」とカエルさんが言うと、みんなは「泳げないよ」と言いました。「何だみんな泳げないのか」と泳げることを自慢するように遠くへ泳いでいってしまいました。
テントウムシさん、ヒヨコさん、アリさん、ネズミさんは悔しくなりました。そこでテントウムシさんは、よい考えをひらめいて、みんなに相談をしました。「それはいいね」と大賛成です。それぞれが必要なものを探すために、テントウムシさんは街に、ほかのみんなは森へと飛び出していきました。少しして、ヒヨコさんは葉っぱを持って帰ってきました。ネズミさんは大きな枝を、アリさんは半分に割れたクルミを持ってきました。「お椀みたいだね」とヒヨコさんは言いました。最後にテントウムシさんが長いひもを持ってきました。これで欲しかった材料はすべて揃いました。みんなで組み立て始めます。クルミに枝を立て、枝の先に葉っぱをひもで結ぶと、立派なヨットができあがりました。ヨットを池に浮かべ、ヒヨコさんとねずみさんが乗り込みます。枝にはアリさんが、葉っぱにはテントウムシさんが乗っています。風が吹いてきてヨットはどんどんスピードを上げていきます。「うまくできたね」とみんなでよろこんでいると、カエルさんが水面から顔を出し、びっくりしたようにヨットを見ています。「本物のヨットみたいで格好いいね」とカエルさんは泳げることを自慢したことを反省しました。

（問題36の絵を見せる）
①みんなで遊びに行ったところはどこでしょうか。選んで○をつけてください。
②いっしょに公園に行かなかったのは誰でしょうか。選んで○をつけてください。
③よい考えをひらめいたのは誰でしょうか。選んで○をつけてください。
④葉っぱを持ってきたのは誰でしょうか。選んで○をつけてください。
⑤テントウムシさんはどこに行ったでしょうか。選んで○をつけてください。
⑥ヨットを作るのに使わなかったものはどれでしょうか。選んで○をつけてください。
⑦アリさんが持ってきたものに似ているものはどれでしょうか。選んで○をつけてください。
⑧ヨットとはどんな船でしょうか。選んで○をつけてください。

〈時間〉　各15秒

〈解答〉　①左端（原っぱ）　②右端（ハチ）　③真ん中（テントウムシ）
④右から２番目（ヒヨコ）　⑤右端（街）　⑥真ん中（マツボックリ）
⑦真ん中（お椀）　⑧左から２番目

［2017年度出題］

学習のポイント

お話の記憶という分野なので、苦手にしているとお子さまの記憶力が悪いと思ってしまいがちですが、単純にそういう問題でもありません。考えてみても、１度聞いただけでこの長さの文章がすべて覚えられるわけがないということがわかるでしょう。実際、入試後のアンケートでも、一部分は詳しくてもほかはあいまいだったり、全体的な流れはつかめていても細かな部分はあまり覚えていなかったりと、すべてを覚えているお子さまはいません（ごくまれに詳細に覚えているお子さまもいますが）。つまり、覚え方のコツがそれぞれにあるのです。「誰が」「どこで」「何を」「いつ」といったポイントをうまくつかめれば、正解することができるということでしょう。ただ、それはある程度の経験を積まないとできることではありません。はじめは、短いお話の読み書きせからで充分です。まずは、「聞く」ことがしっかりとできるようにしていきましょう。

【おすすめ問題集】
　１話５分の読み聞かせお話集①・②、お話の記憶 初級編・中級編、
　Ｊｒ・ウォッチャー19「お話の記憶」

問題37　分野：数量（数える、選んで数える、たし算・ひき算）

考え　観察

〈準備〉　鉛筆

〈問題〉　（問題37－１、問題37－２の絵を渡す）
問題37－１の絵を見て質問に答えてください。
①ヒマワリは何本あるでしょうか。四角の中にその数の分だけ○を書いてください。
②リスとウサギを合わせると何匹いるでしょうか。四角の中にその数の分だけ○を書いてください。
③ヒマワリとキキョウはどちらが何本多いでしょうか。多い方の絵に○をつけ、多い分だけ○を書いてください。
④カラスが飛んできて風船を３個割りました。今、飛んでいる風船は何個でしょうか。四角の中にその数の分だけ○を書いてください。
⑤カメが卵を４個ずつ産んだらいくつになるでしょうか。四角の中にその数の分だけ○を書いてください。
⑥鳥が３羽飛び立ち、６羽飛んできました。今、鳥は何羽いるでしょうか。四角の中にその数の分だけ○を書いてください。

〈時間〉　各20秒

〈解答〉　①○：８個　②○：８個　③ヒマワリに○、○：３個
④○：６個　⑤○：12個　⑥○：７個

［2017年度出題］

学習のポイント

例年変わらない形式で出題されているので、しっかりと対策をして臨むようにしましょう。それぞれの問題は、オーソドックスな数量問題なのですが、すべての問題が１枚の絵として描かれているので、一見していくつあるのかをとらえることが難しくなっています。さまざまな絵が混在している中から、必要なものを選んで数えるという作業が必要とされます。ですので、１つひとつしっかりと数えることが大切なポイントです。上から下、左から右など、好みがあると思うので、お子さまのやりやすい方法でかまいませんが、常に一定の方向で数えていくくせをつけましょう。ランダムに数えていくとミスが起こりやすくなります。お子さまなりの数え方を見つけてあげて、間違いをしないように心がけましょう。

【おすすめ問題集】

Ｊｒ・ウォッチャー14「数える」、37「選んで数える」、
38「たし算・ひき算１」、39「たし算・ひき算２」

問題38　分野：常識（理科）、言語（動作）

知識　語彙

〈準備〉　鉛筆

〈問題〉　①四角の中で土の中にできるものはどれでしょうか。選んで○をつけてください。
②四角の中で球根から育つものはどれでしょうか。選んで○をつけてください。
③四角の中でダイズからできているものはどれでしょうか。選んで○をつけてください。
④四角の中で「かける」と言うものはどれでしょうか。選んで○をつけてください。
⑤四角の中で「さす」と言うものはどれでしょうか。選んで○をつけてください。
⑥四角の中で「はく」と言うものはどれでしょうか。選んで○をつけてください。

〈時間〉　各20秒

〈解答〉　下図参照

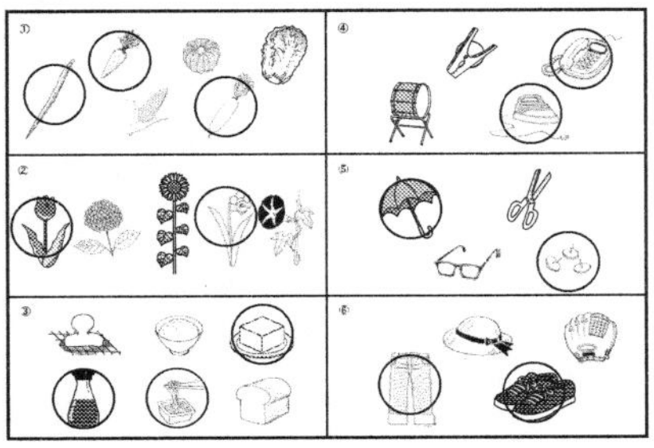

［2017年度出題］

学習のポイント

当校の理科常識は、時折、難問が出題されることがあり、一般的な小学校入試レベル以上の知識が要求されます。本問でも、土の中にできる野菜や球根からできる花、ダイズからできる食べものといった、日常的に目にすることのない状態が問われています。これは当校が、単純な知識の有無ではなく、その先を求めているということです。例えば、常識について学ぶ時に、ダイコンの名前を覚えるだけで終わってしまっては、不十分ということです。「どんなところで育っているんだろう」「どんな葉っぱをしているんだろう」など、ふだん見かけるダイコンから、もっと幅広く、興味関心を広げてもらいたいのです。ダイコン１本から話は大きくなってしまいましたが、一言で言うと、「好奇心」を持っているかどうかということになります。これはすべての学習に通じることですので、お子さまのもっと知りたいという好奇心を引き出してあげるような取り組みをしてあげてください。

【おすすめ問題集】

Ｊｒ・ウォッチャー18「いろいろな言葉」、27「理科」、55「理科②」

問題39　分野：図形（同図形）

観察　集中

〈準備〉　鉛筆

〈問題〉　（問39-１の絵を渡す）

①上の見本の絵のように「ライオン、サル、ウサギ、ブタ」の順番で並んでいるところを見つけて○で囲んでください。縦横どちらでもかまいません。上下左右どこからでもかまいません。ただし、斜めや途中で曲がってはいけません。

（問39-２の絵を渡す）

②①と同じように解答してください。

〈時間〉　①１分　②２分

〈解答〉　下図参照

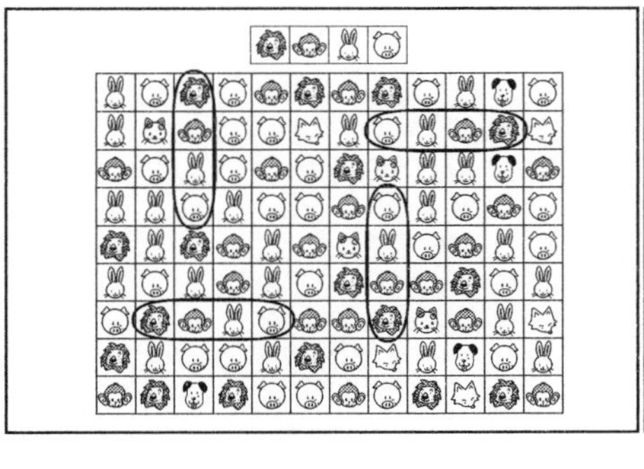

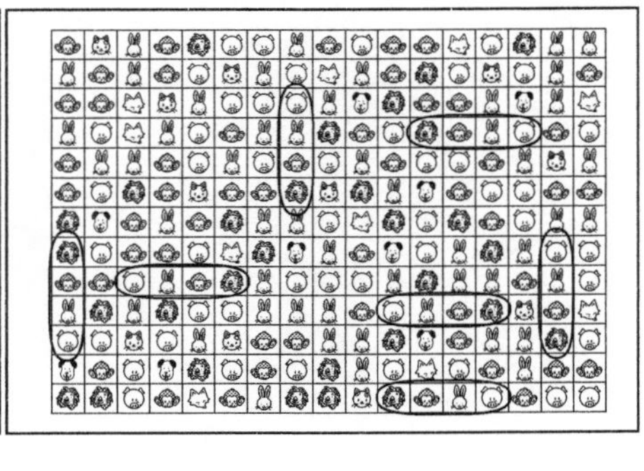

［2017年度出題］

学習のポイント

まず、問題をよく聞き、ルールをしっかりと把握しましょう。上下左右は○、斜めは×、途中で曲がっても×です。お約束の並びが、「ライオン・サル・ウサギ・ブタ」なので、まず、ライオンを探します。マス目の左上から下（もしくは右）のように、一定の方向にライオンを探して、上下左右にお約束の並びがないか確認していきます。はじめはこうした方法でよいと思いますが、時間がかかります。はじめて本問をやってみて、時間内に正解できる人は少ないでしょう。それに加え、右からと下から始まる場合は、並びが、「ブタ・ウサギ・サル・ライオン」という流れになるので、見落としてしまいがちです。図形問題は、このように頭で考えて正解を出そうとすると限界があります。ほかの図形問題でも同様ですが、多くの問題を解くことにより、頭で考えるのではなく、感覚的に答えが見つかるようになります。

【おすすめ問題集】
　Ｊｒ・ウォッチャー４「同図形探し」

問題40　分野：言語（しりとり）

語彙　知識

〈準備〉　鉛筆

〈問題〉　丸で囲んである絵がしりとりの最後になるように、つながる絵を３個探して○をつけてください。

〈時間〉　①②③④各20秒　⑤⑥各30秒

〈解答〉　①クリ→リス→スイカ→（カンガルー）
②イルカ→かとりせんこう→うきわ→（わなげ）
③こたつ→つみき→キツネ→（ネコ）
④ゴリラ→ラジオ→オタマジャクシ→（シマウマ）
⑤ラッコ→コスモス→スリッパ→（パンダ）
⑥イカ→かかし→しゃもじ→（じしゃく）

［2017年度出題］

学習のポイント

最後の言葉が決まっているので、後ろからつなげていった方が効率的に問題を進めることができます。後ろからつなげるということは、①で言うとカンガルーの「か」が、尾音（言葉の最後の音）になる言葉を探します。スイカ、イカが候補になります。「す」と「い」が尾音になる言葉を探すとリスが見つかったので、候補のイカは外れます。最後に、「り」が尾音になるクリがあるので、クリ→リス→スイカ→カンガルーとつながりました。しりとりは、語彙の豊富さがすべてと言っても過言ではありません。また、言葉はほかの学習にも大きく関わってくる大切なものです。お子さまとの会話や読み聞かせなどで、意識的に新しい言葉を使って、語彙力をアップさせる工夫をしてください。

【おすすめ問題集】

Ｊｒ・ウォッチャー17「言葉の音遊び」、18「いろいろな言葉」
60「言葉の音（おん）」

立教女学院小学校　専用注文書

年　　月　　日

合格のための問題集ベスト・セレクション

＊入試頻出分野ベスト３

1st 常識	2nd 図形	3rd 言語
知識　季節	考える力　観察力	語彙力　知識

全体的に、基礎がしっかりできていれば対応できるレベルの問題ですが、数量分野の問題は当校独特の問題なので傾向を把握し、対策を立てて学習しましょう。大きな変化は見受けられませんでした。

分野	書　名	価格(税抜)	注文	分野	書　名	価格(税抜)	注文
図形	Ｊｒ・ウォッチャー２「座標」	1,500円	冊	観察	Ｊｒ・ウォッチャー28「運動」	1,500円	冊
図形	Ｊｒ・ウォッチャー３「パズル」	1,500円	冊	常識	Ｊｒ・ウォッチャー34「季節」	1,500円	冊
図形	Ｊｒ・ウォッチャー４「同図形探し」	1,500円	冊	数量	Ｊｒ・ウォッチャー38「たし算・ひき算１」	1,500円	冊
図形	Ｊｒ・ウォッチャー10「四方からの観察」	1,500円	冊	数量	Ｊｒ・ウォッチャー39「たし算・ひき算２」	1,500円	冊
常識	Ｊｒ・ウォッチャー11「いろいろな仲間」	1,500円	冊	数量	Ｊｒ・ウォッチャー40「数を分ける」	1,500円	冊
常識	Ｊｒ・ウォッチャー12「日常生活」	1,500円	冊	数量	Ｊｒ・ウォッチャー42「一対多の対応」	1,500円	冊
数量	Ｊｒ・ウォッチャー14「数える」	1,500円	冊	図形	Ｊｒ・ウォッチャー46「回転図形」	1,500円	冊
言語	Ｊｒ・ウォッチャー17「言葉の音遊び」	1,500円	冊	図形	Ｊｒ・ウォッチャー47「座標の移動」	1,500円	冊
言語	Ｊｒ・ウォッチャー18「いろいろな言葉」	1,500円	冊	常識	Ｊｒ・ウォッチャー55「理科②」	1,500円	冊
記憶	Ｊｒ・ウォッチャー19「お話の記憶」	1,500円	冊	言語	Ｊｒ・ウォッチャー60「言葉の音（おん）」	1,500円	冊
想像	Ｊｒ・ウォッチャー21「お話作り」	1,500円	冊		実践 ゆびさきトレーニング①・②・③	2,500円	各　冊
巧緻性	Ｊｒ・ウォッチャー23「切る・貼る・塗る」	1,500円	冊		１話５分の読み聞かせお話集①・②	1,800円	各　冊
巧緻性	Ｊｒ・ウォッチャー25「生活巧緻性」	1,500円	冊		お話の記憶 初級編・中級編	2,000円	各　冊
常識	Ｊｒ・ウォッチャー27「理科」	1,500円	冊		新運動テスト問題集	2,200円	冊

合計	冊	円

(フリガナ) 氏　名	電　話 ＦＡＸ E-mail
住 所　〒　　　－	以前にご注文されたことはございますか。 有　・　無

★お近くの書店、または記載の電話・FAX・ホームページにてご注文をお受けしております。
電話：03-5261-8951　FAX：03-5261-8953　代金は書籍合計金額＋送料がかかります。
※なお、落丁・乱丁以外の理由による商品の返品・交換には応じかねます。
★ご記入頂いた個人に関する情報は、当社にて厳重に管理致します。なお、ご購入の商品発送の他に、当社発行の書籍案内、書籍に関する調査に使用させて頂く場合がございますので、予めご了承ください。

日本学習図書株式会社
http://www.nichigaku.jp

問題1－1

問題1－2

①
②
③
④
⑤

問題2

①

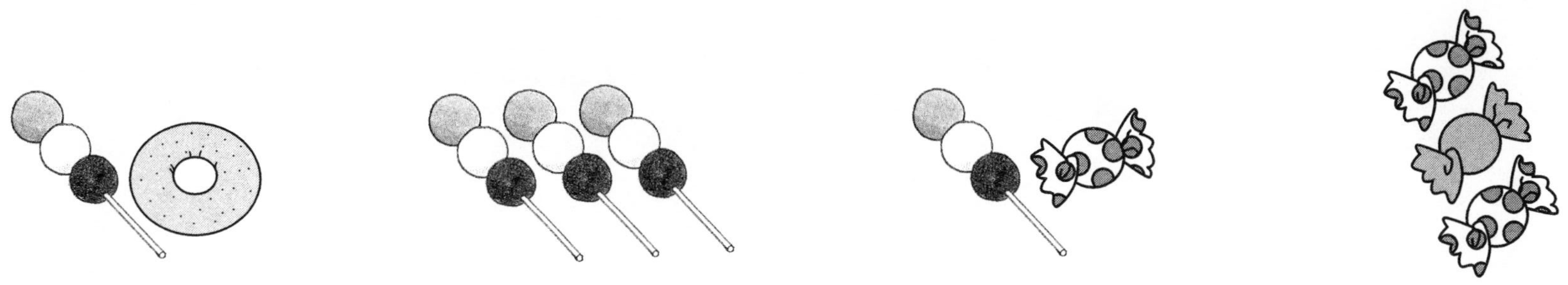

②

③

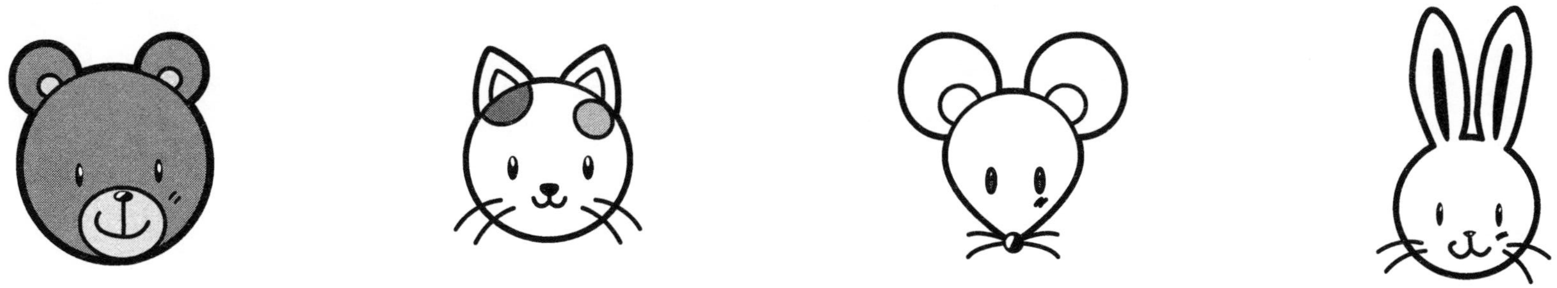

問題3

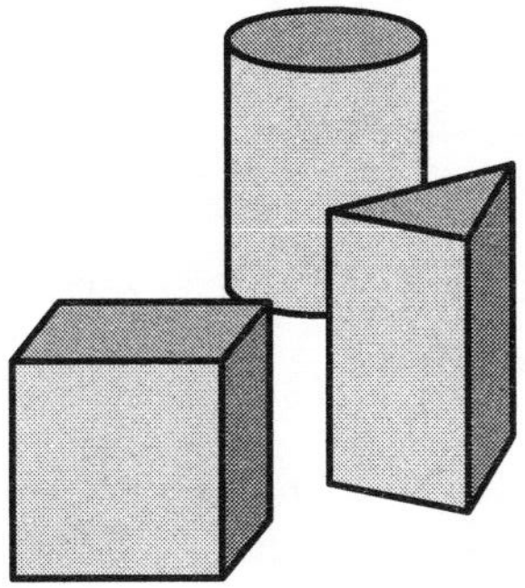

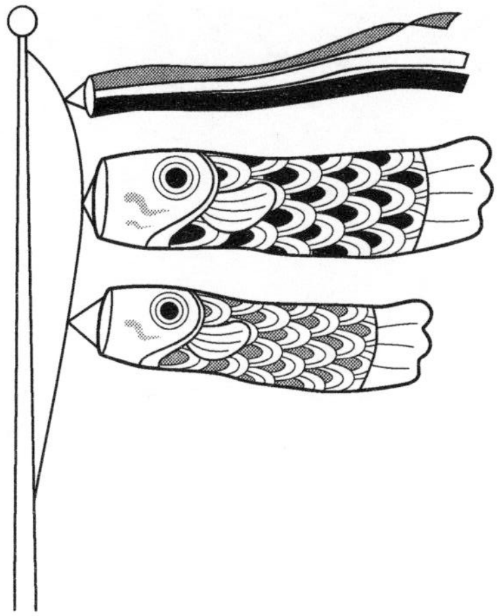

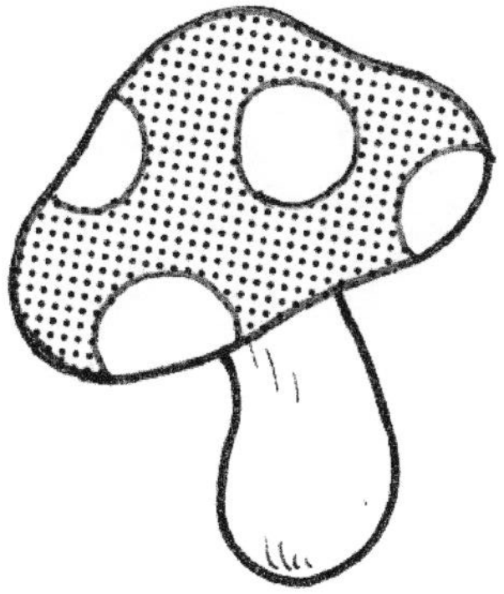

問題4

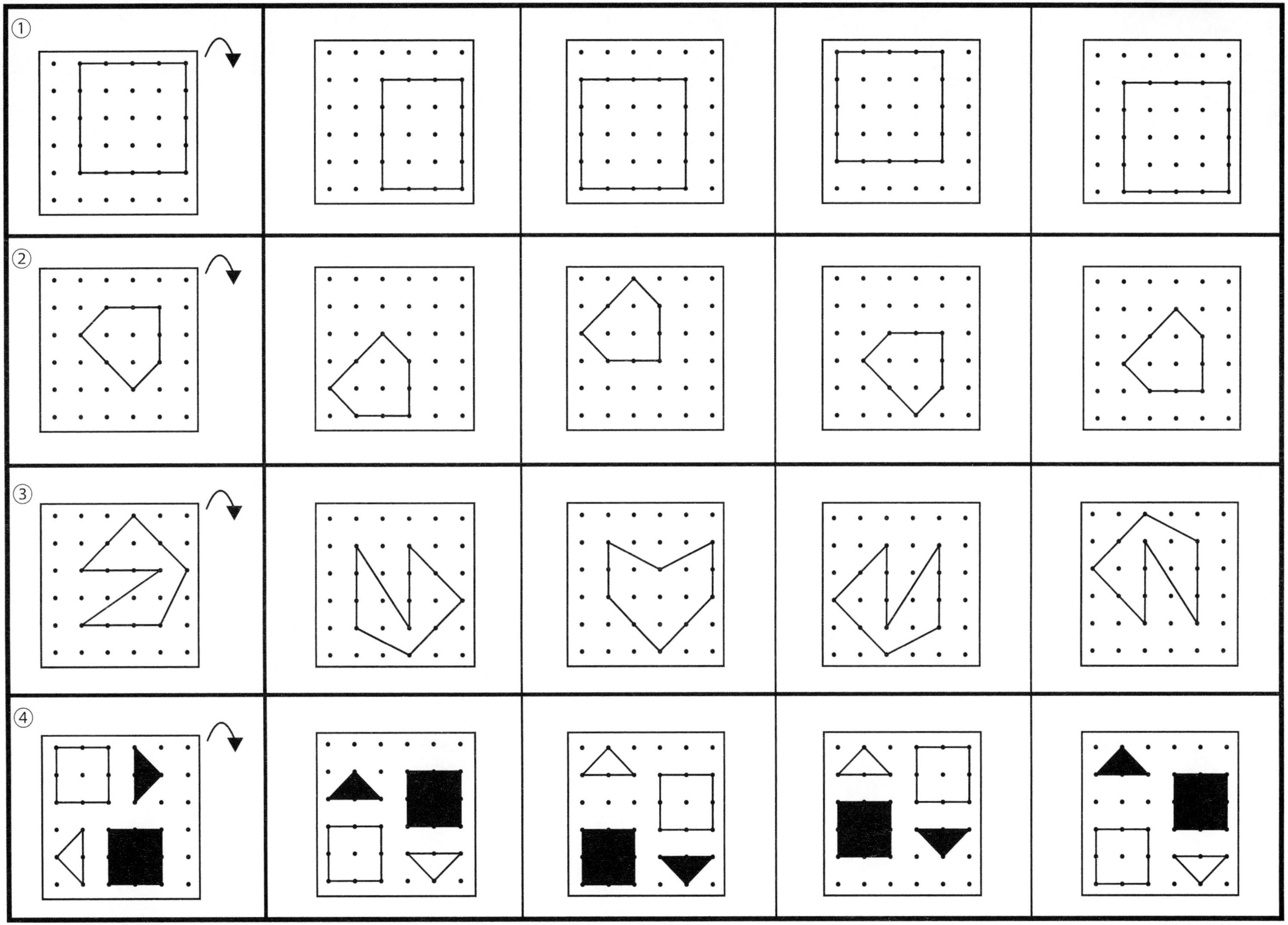

問題5

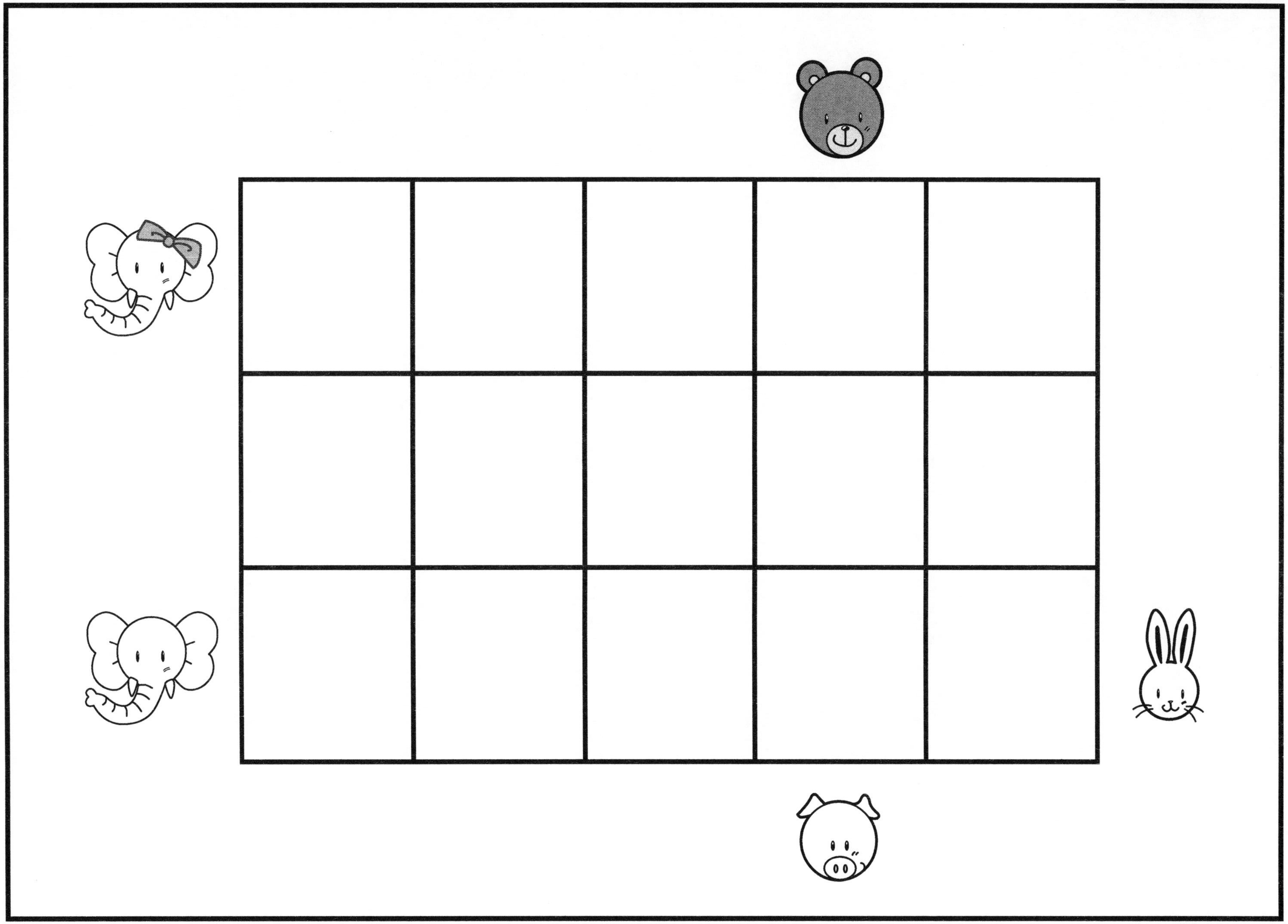

問題6

問題7

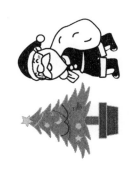

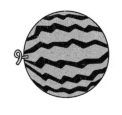

①

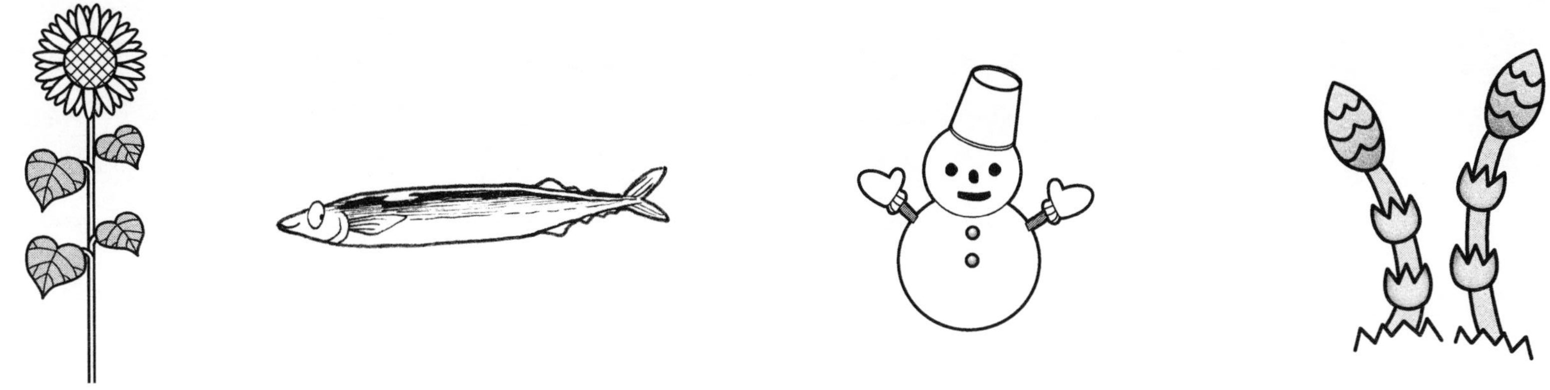

②

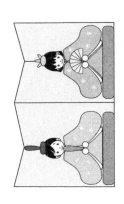

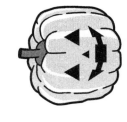

③

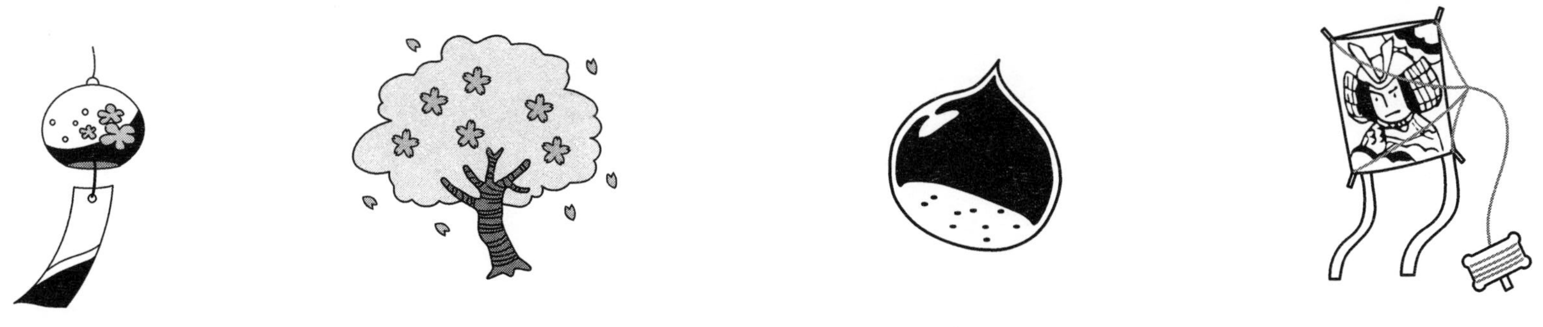

日本学習図書株式会社

問題9

問題１０－１

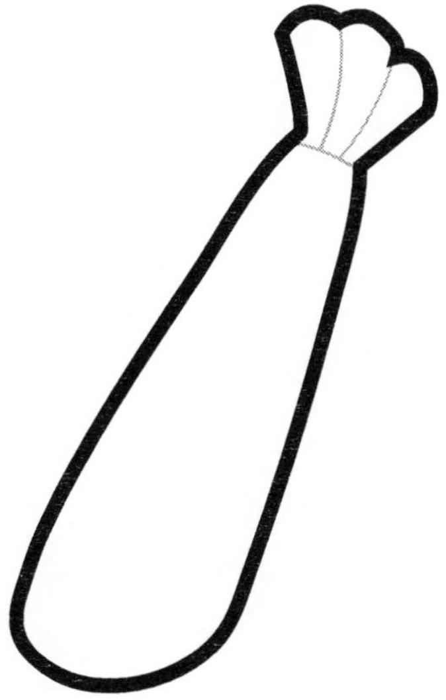

日本学習図書株式会社

問題10－2

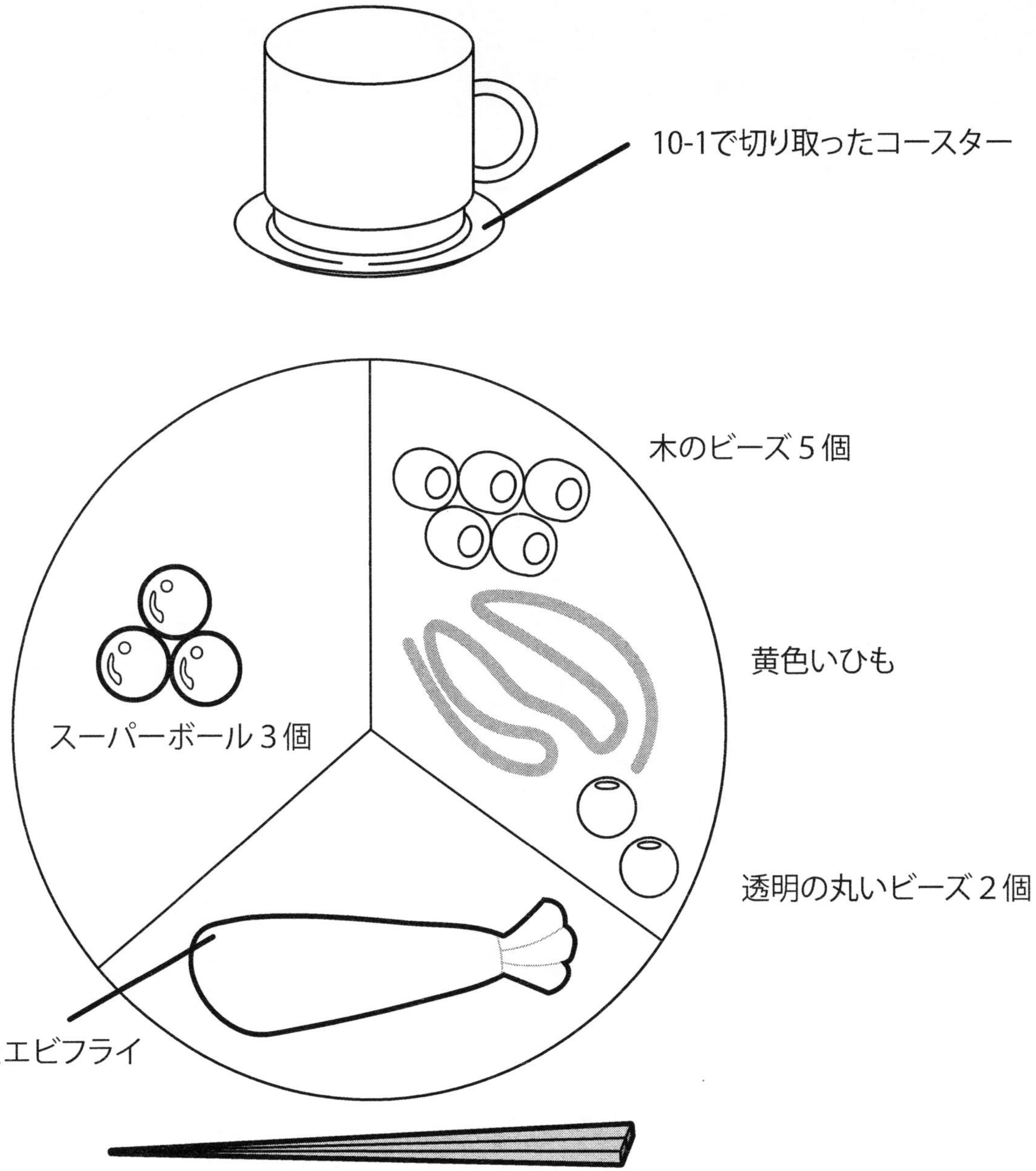
10-1で切り取ったコースター
木のビーズ5個
黄色いひも
スーパーボール3個
透明の丸いビーズ2個
10-1で切り取ったエビフライ

問題11

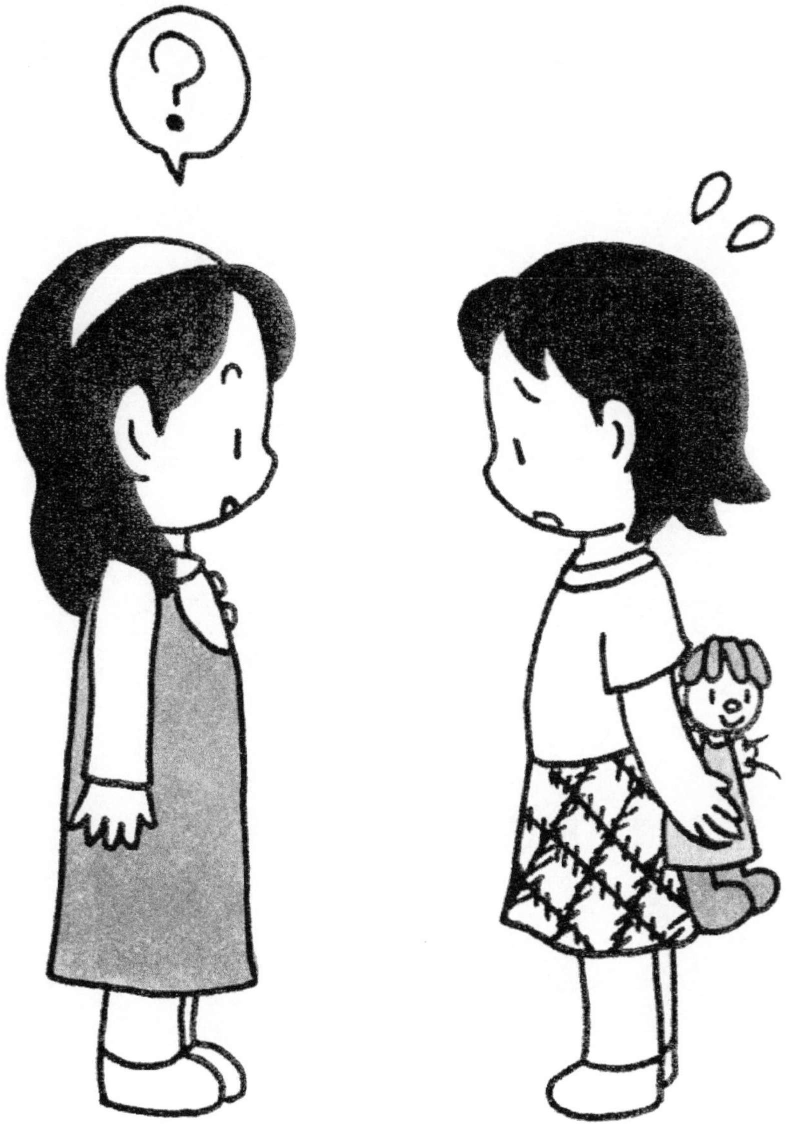

問題12−1

日本学習図書株式会社

2021年度　立教女学院　過去　無断複製／転載を禁ずる

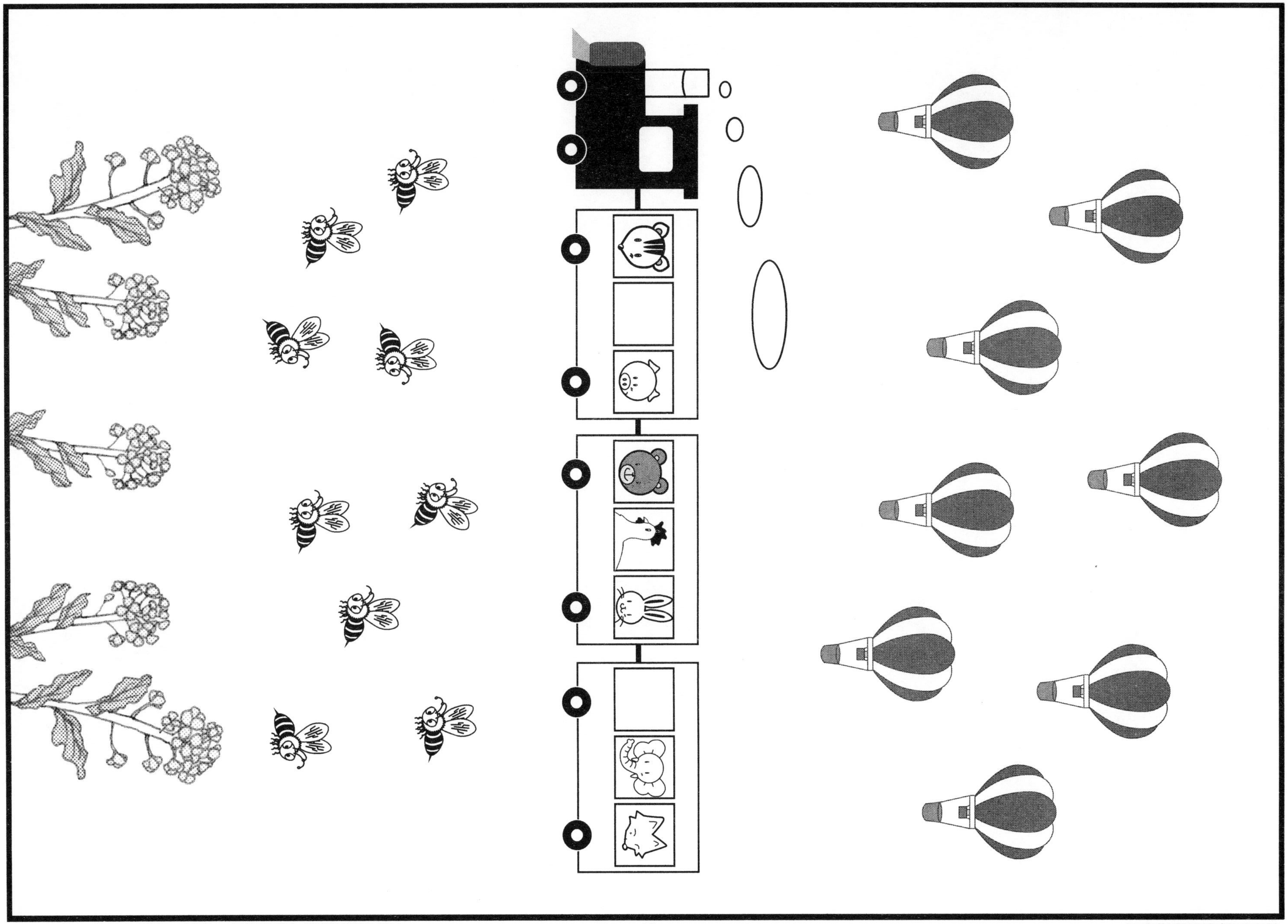

問題12－2

①

②

③

④

問題１３

①

②

③

④

2021年度　立教女学院　過去　無断複製／転載を禁ずる

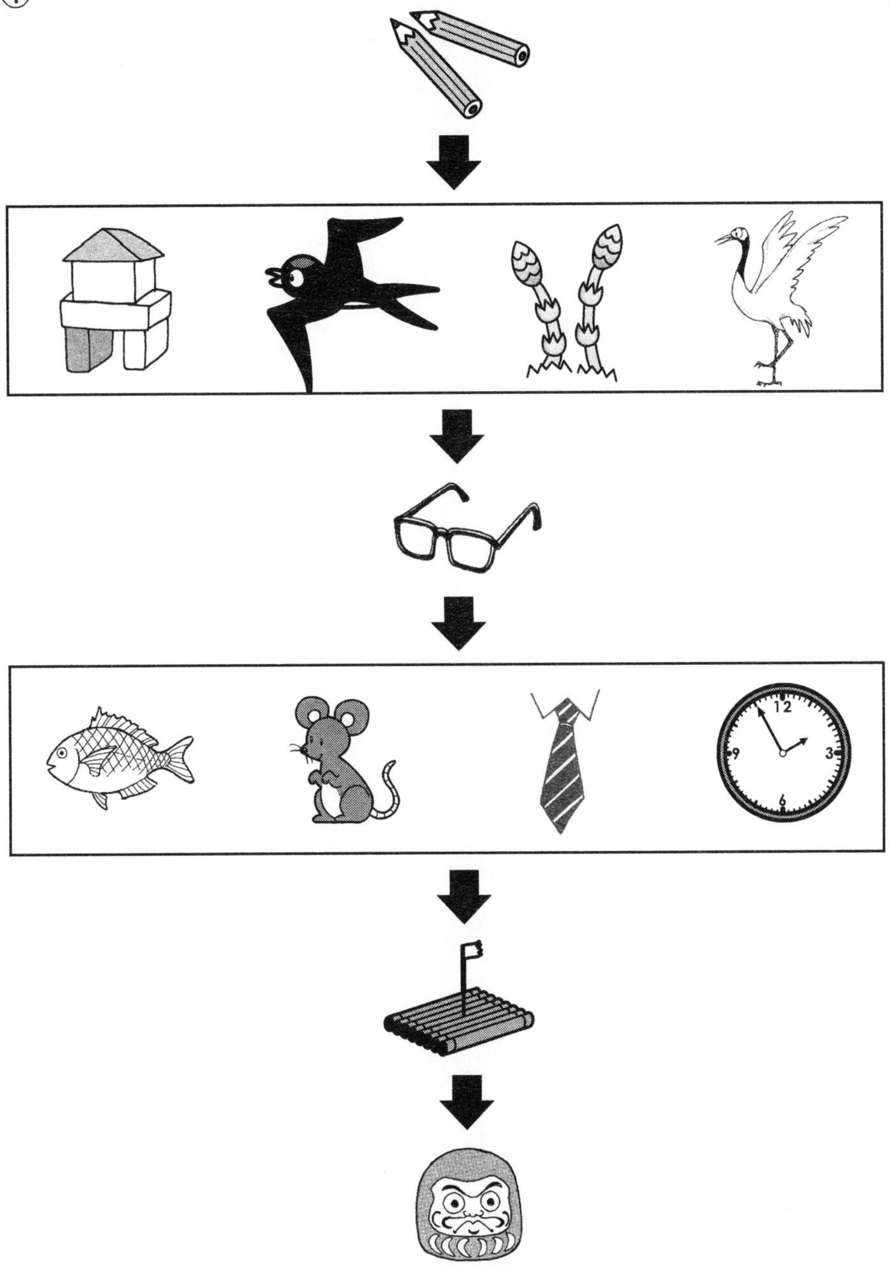

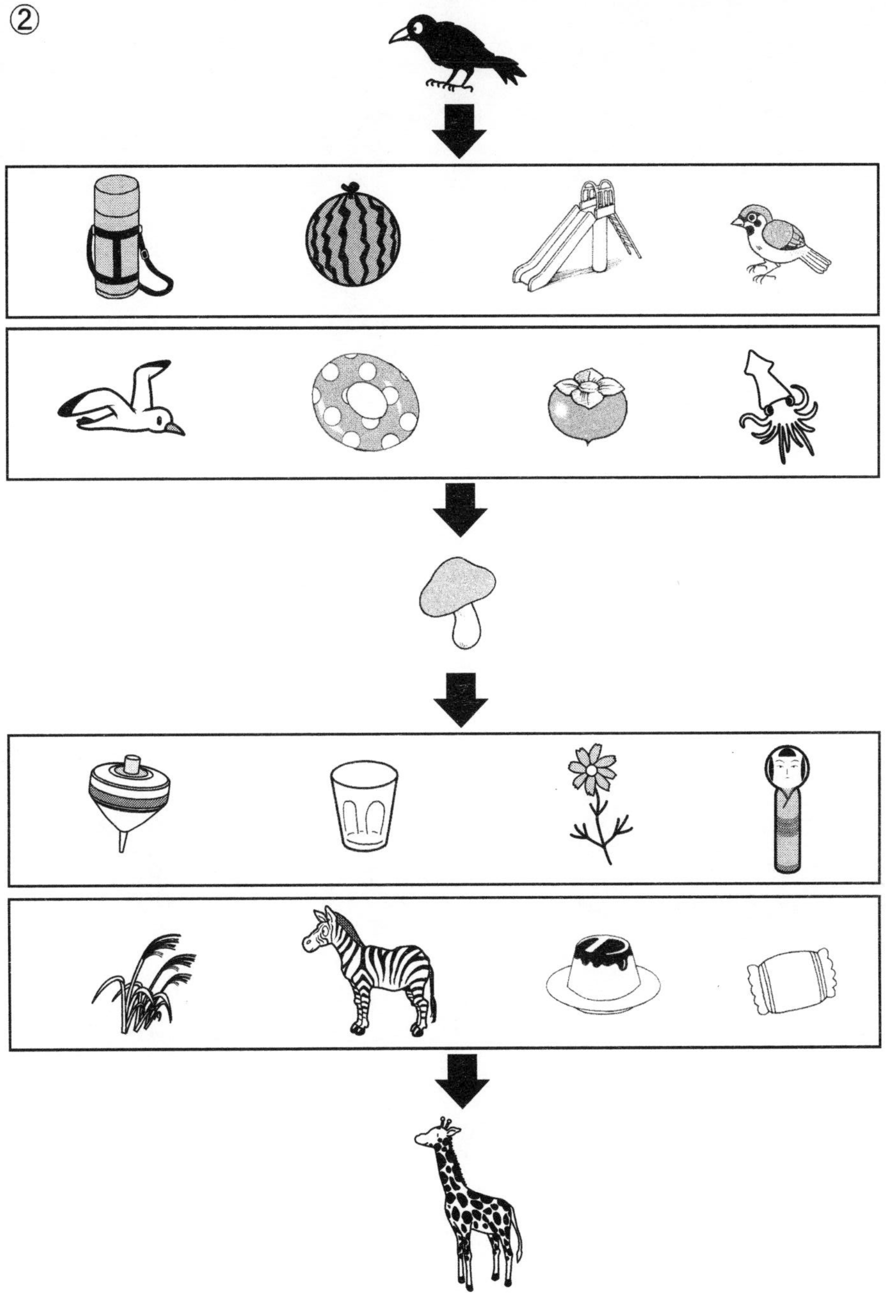

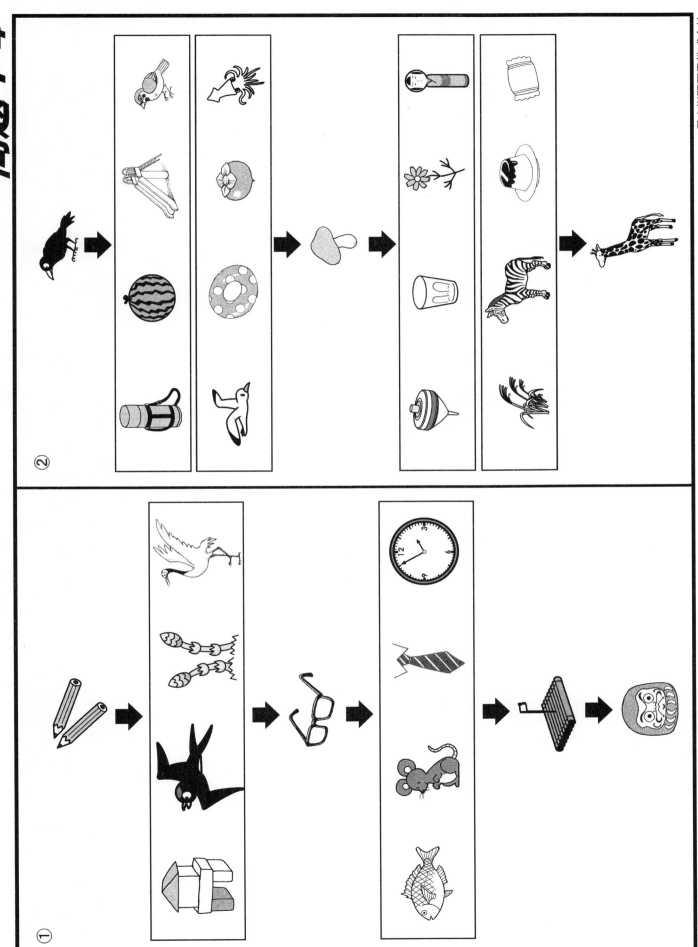

問題１５

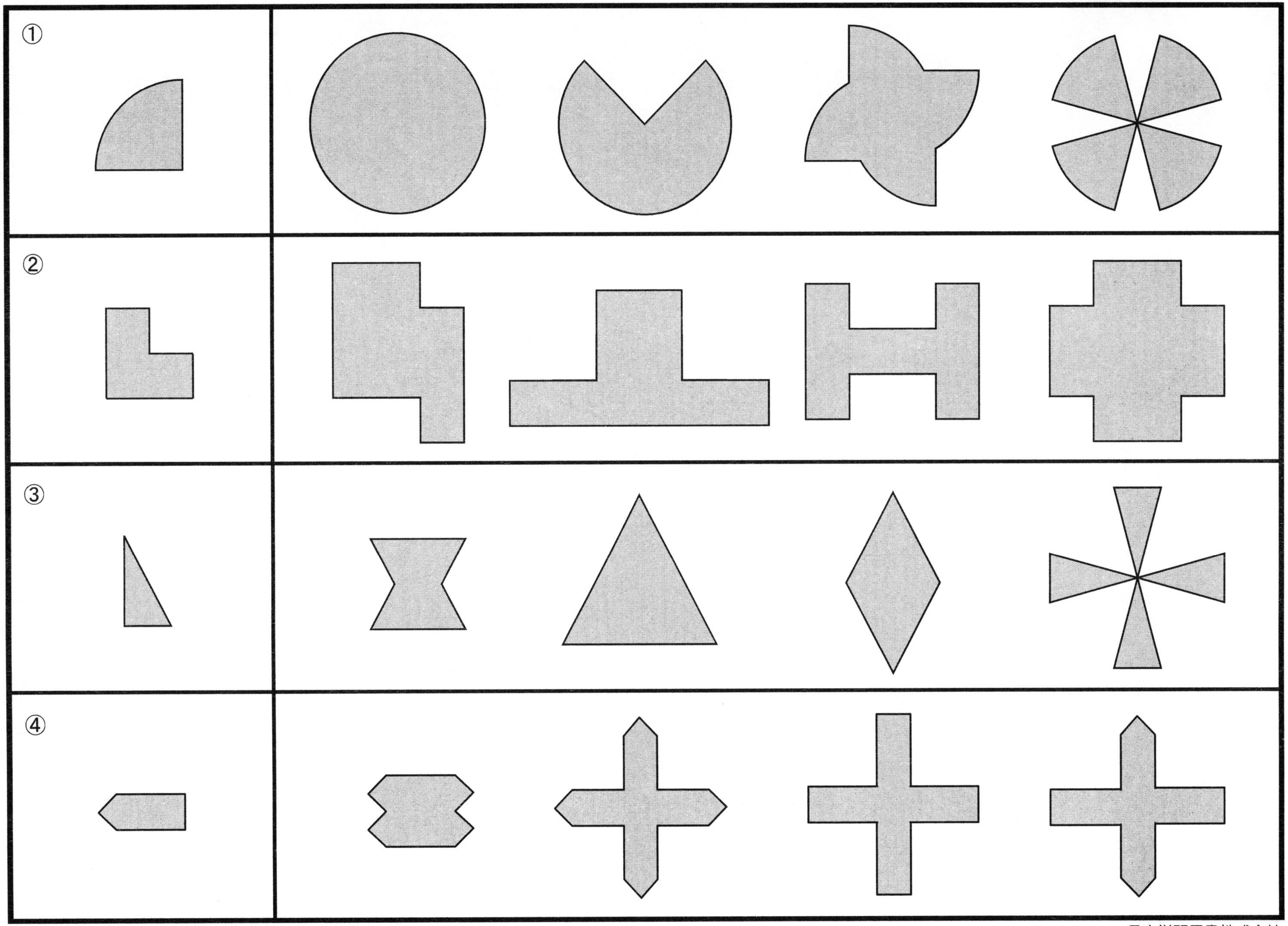

問題16－1

問題16－2

①

			○
	○		
×			
		×	

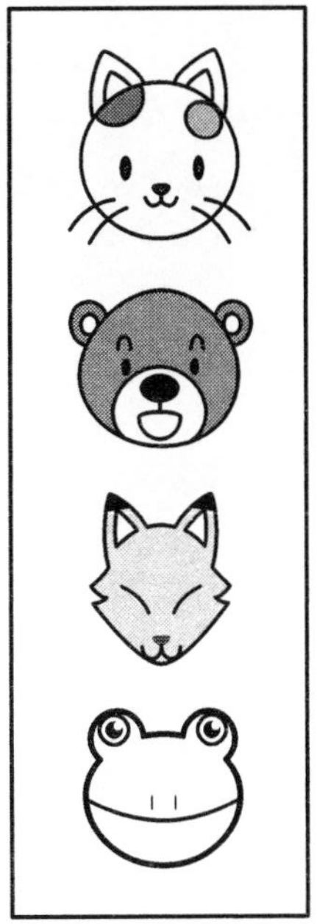

②

○			
			×
	○		
		×	

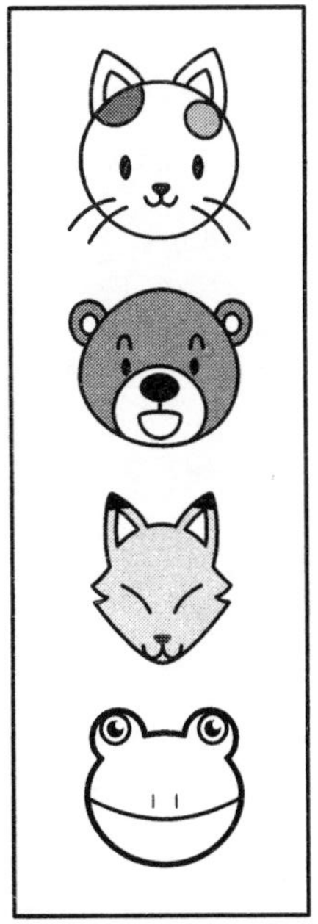

③

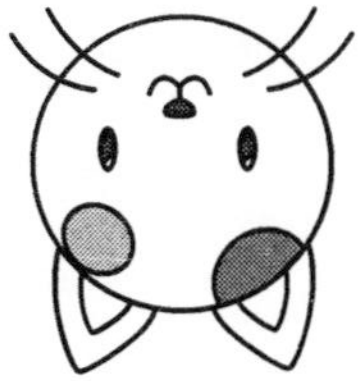

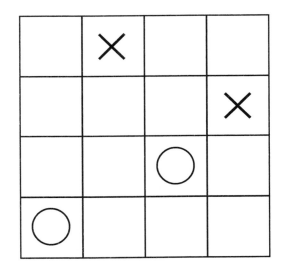

日本学習図書株式会社

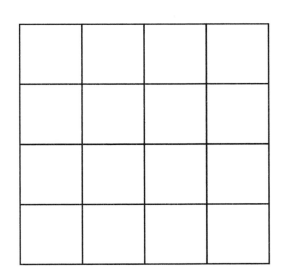

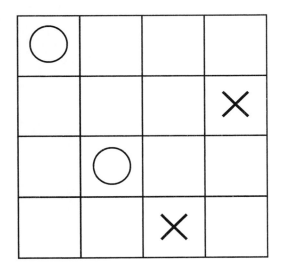

問題１７

①

②

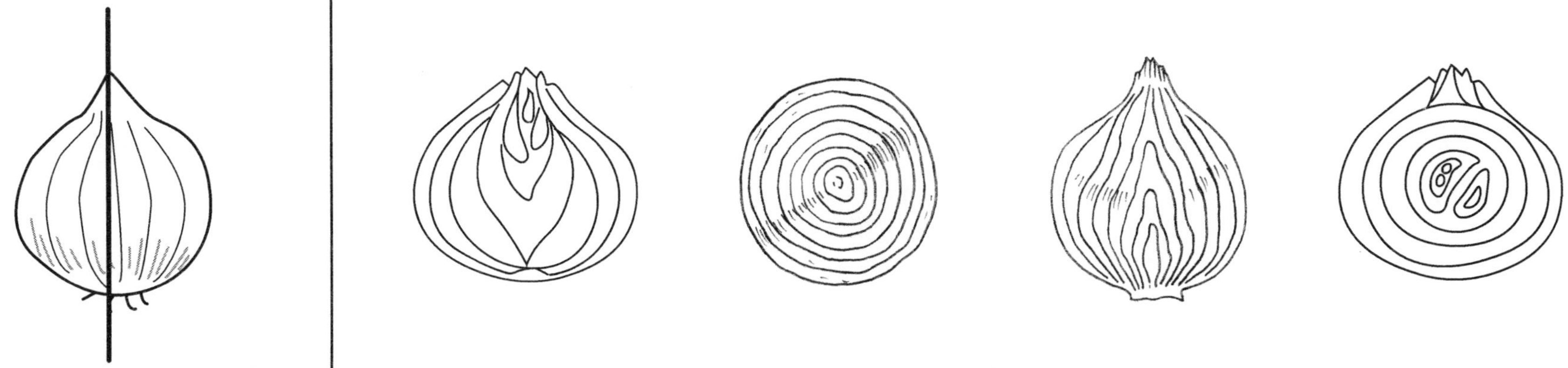

③

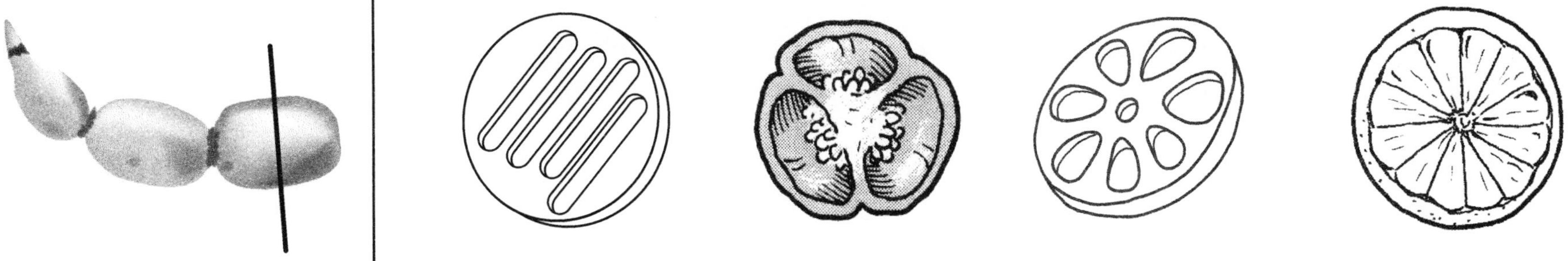

問題18

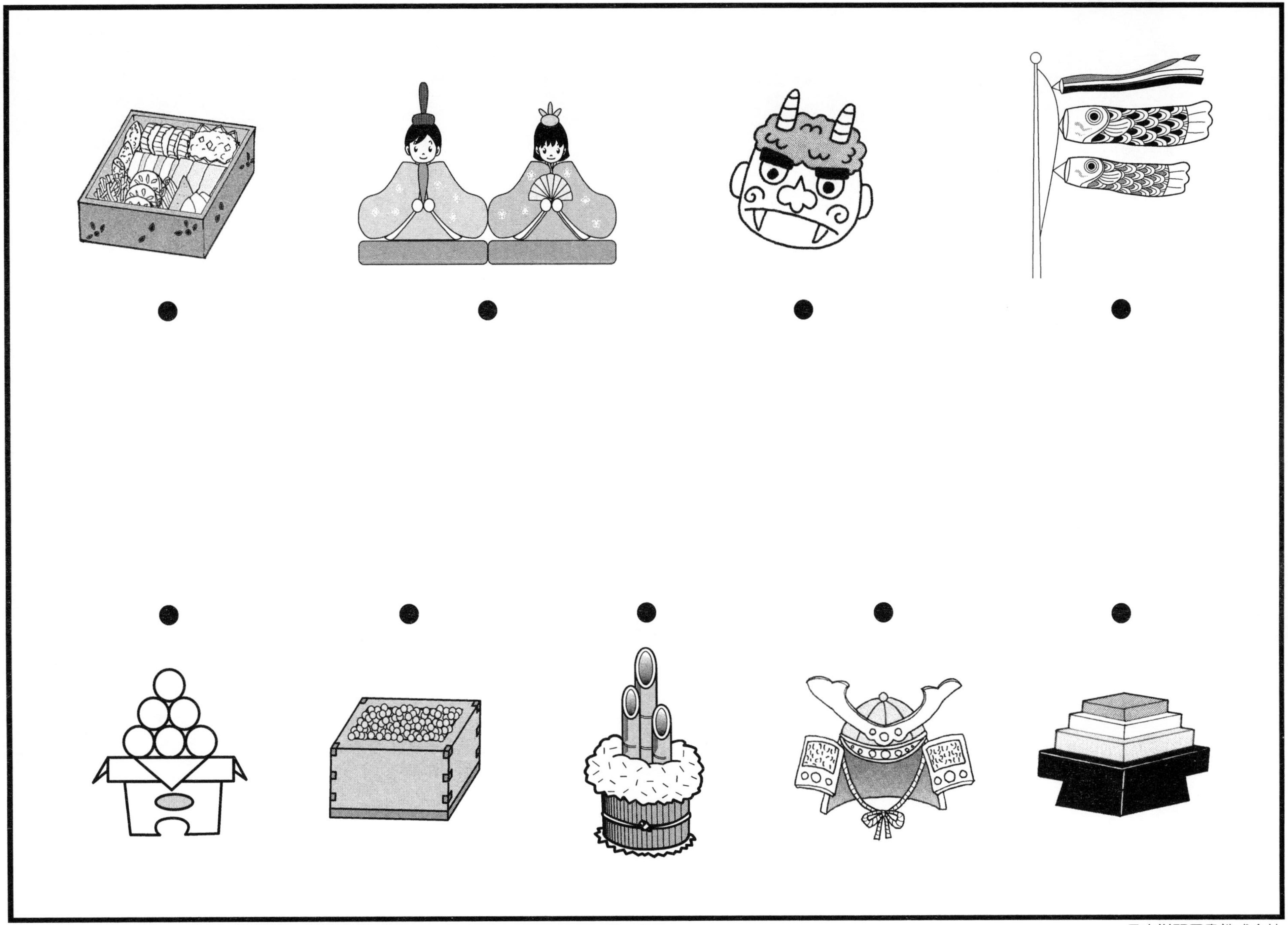

問題１９

①

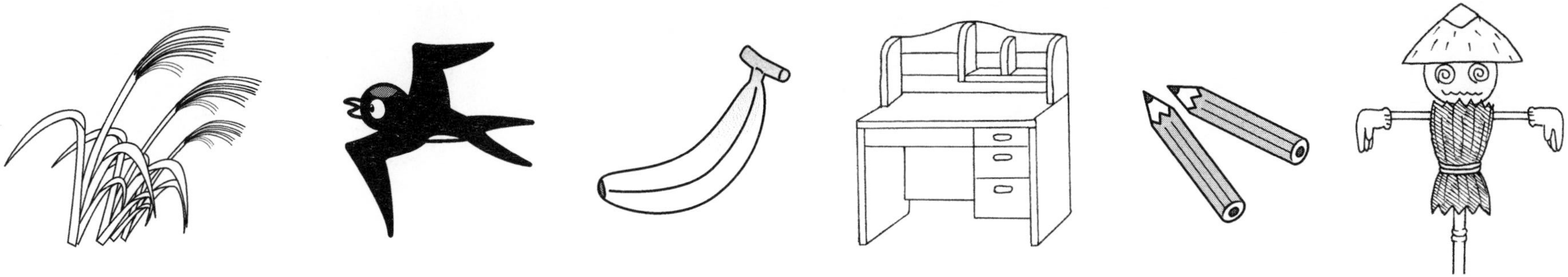

②

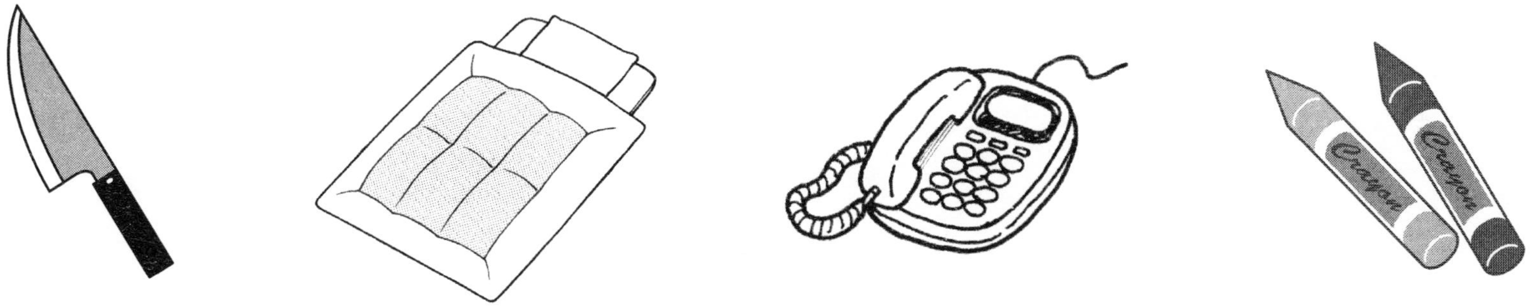

③

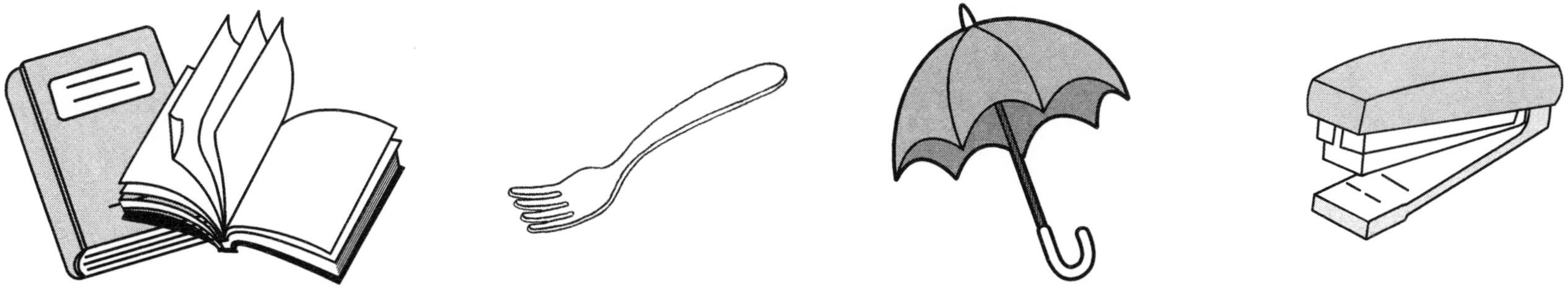

問題２０

2021 年度　立教女学院　過去　無断複製／転載を禁ずる　日本学習図書株式会社

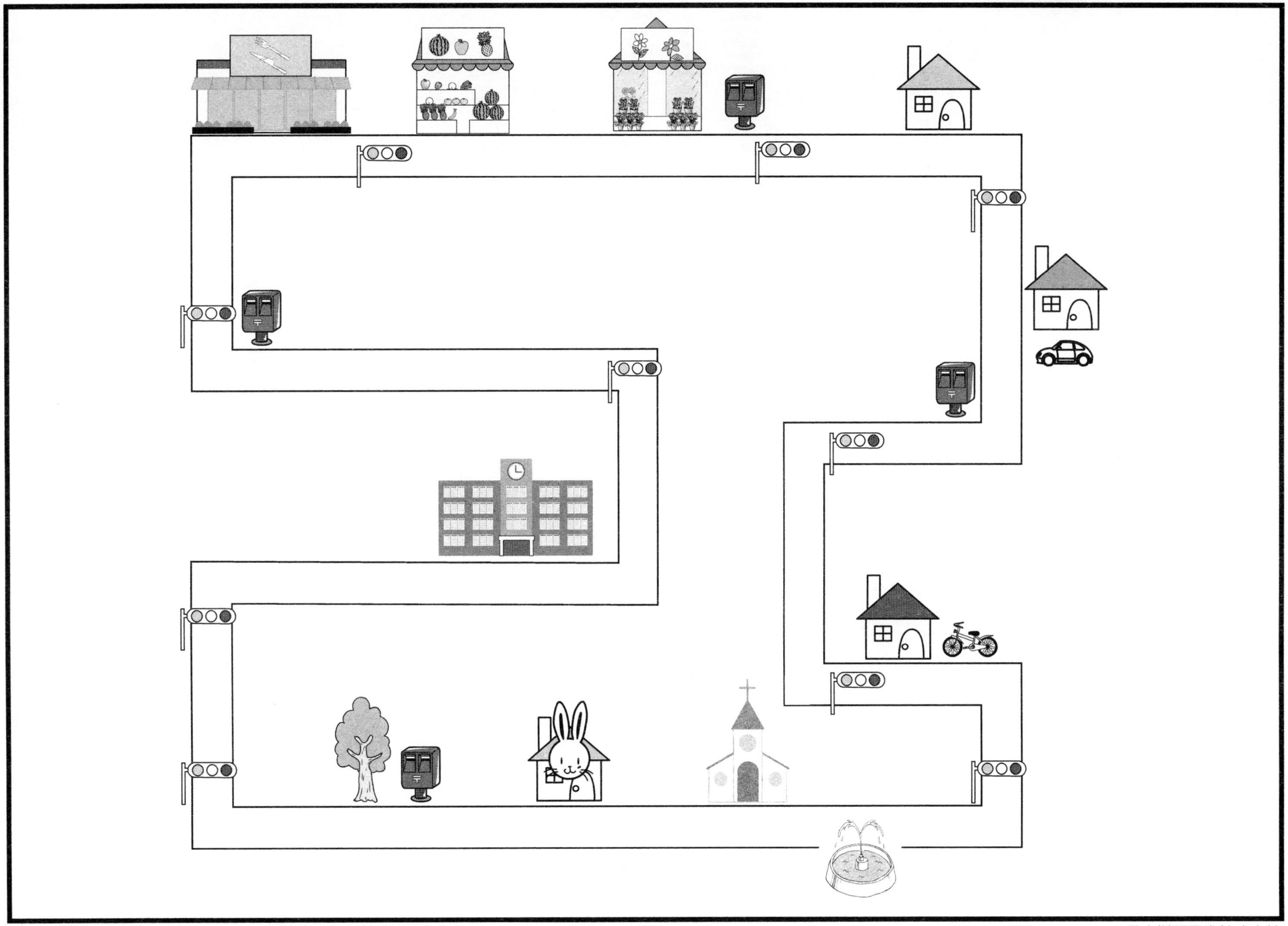

問題 2 1 ー 2

①

②

④

2021年度　立教女学院　過去　無断複製／転載を禁ずる　日本学習図書株式会社

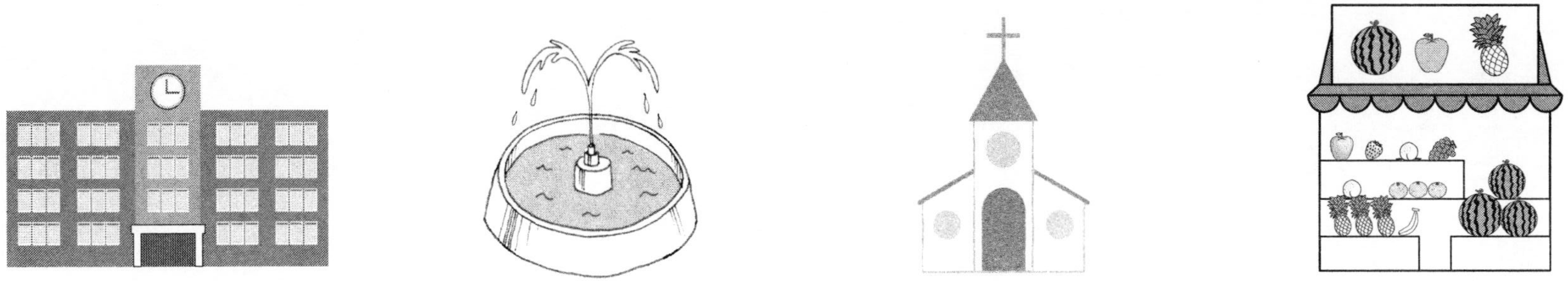

問題２２

問題２３

おもてみほん　　うらみほん

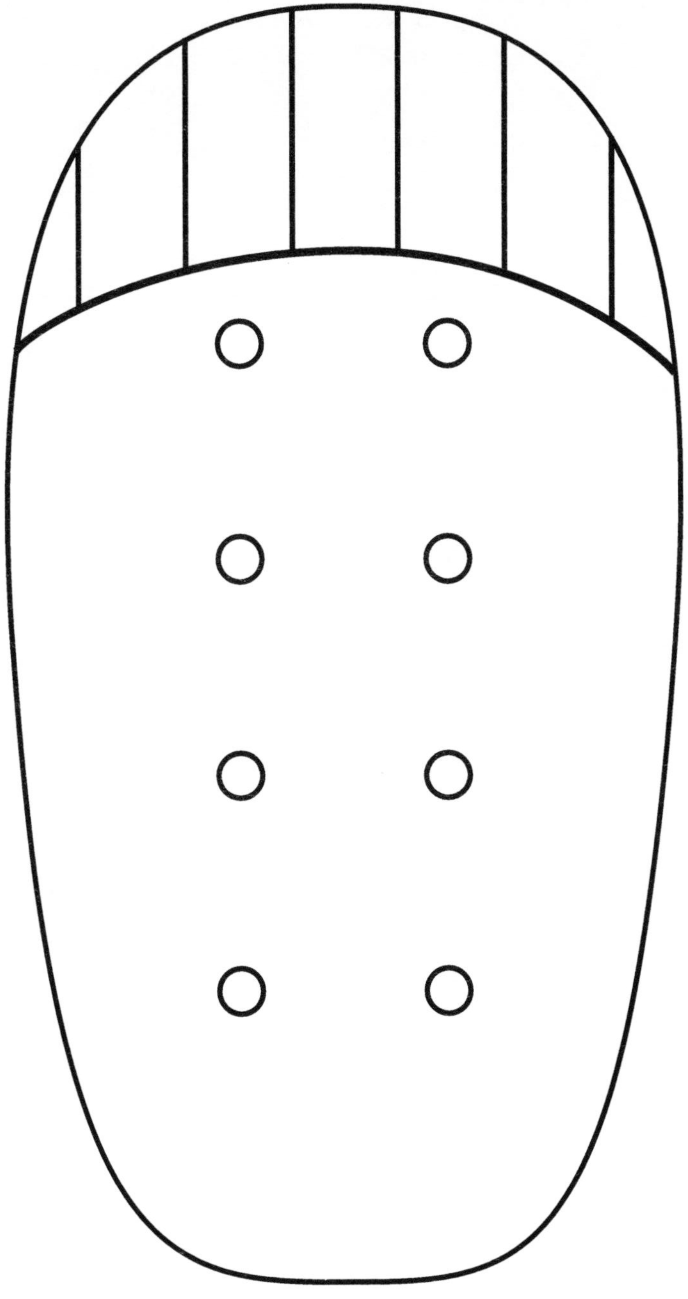

問題２４

問題２７－１

問題２７－２

①

④

②

⑤

③

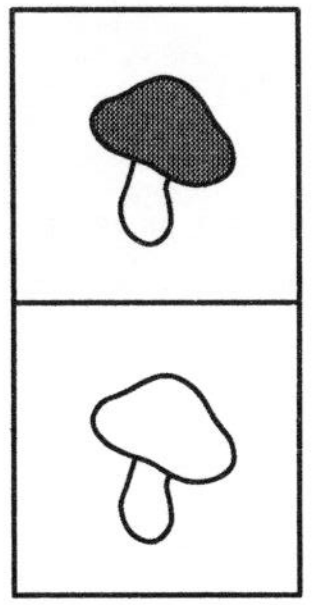

⑥

問題２８

①

②

③

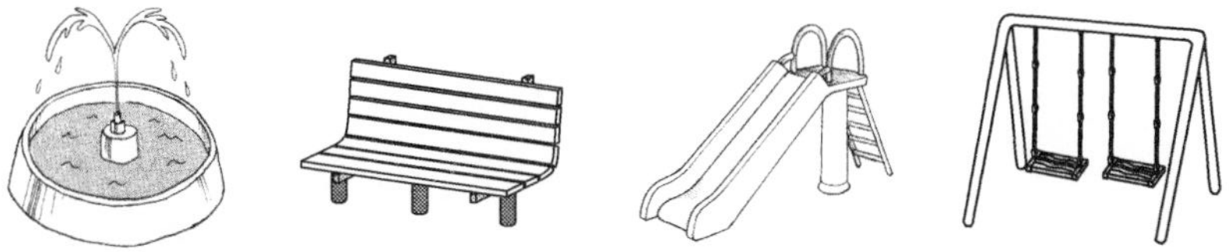

④

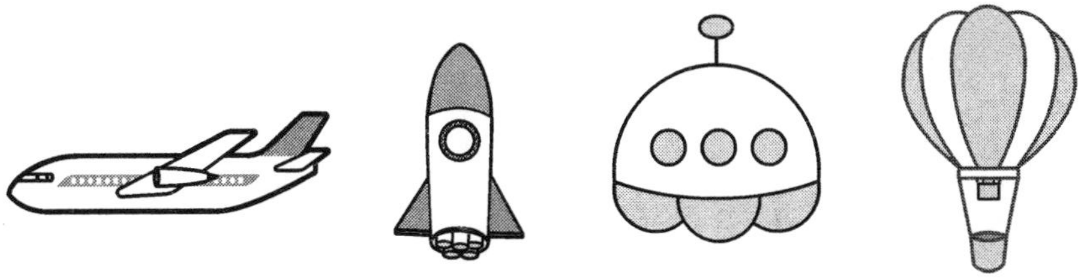

⑤

⑥

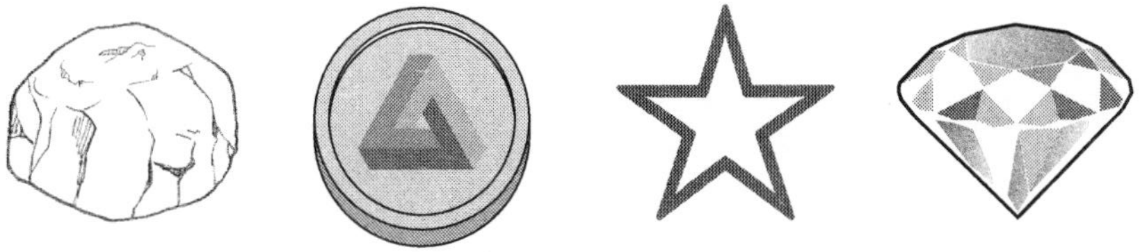

⑦

⑧

問題29-1

2021 年度　立教女学院　過去　無断複製／転載を禁ずる

日本学習図書株式会社

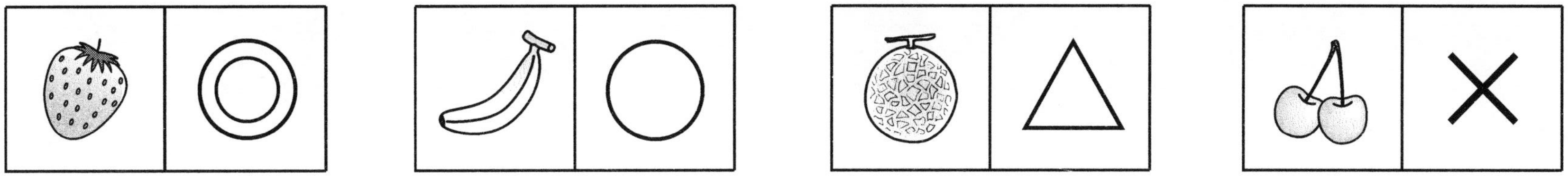

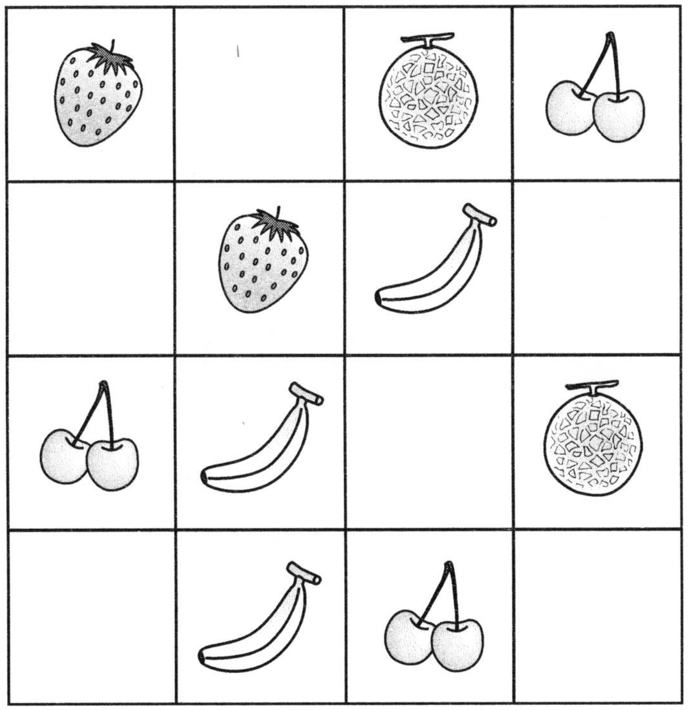

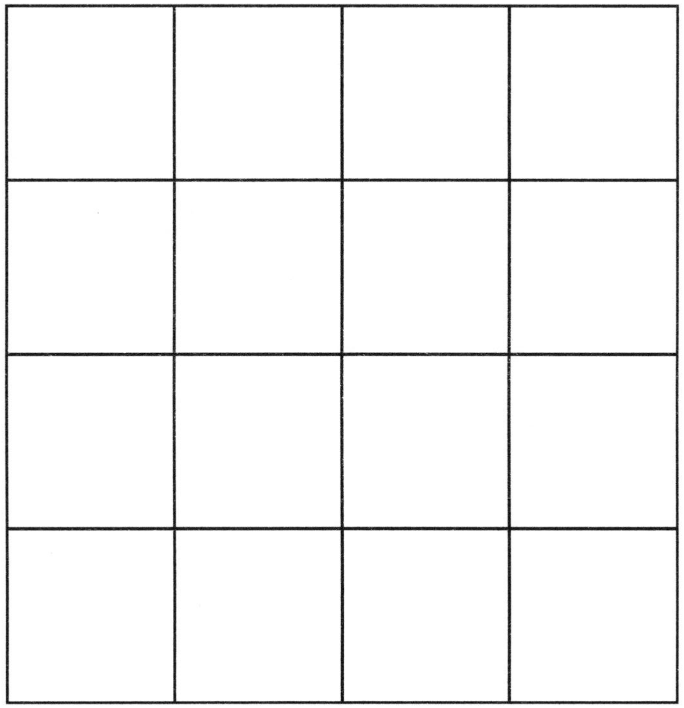

2021 年度　立教女学院　過去　無断複製／転載を禁ずる　　日本学習図書株式会社

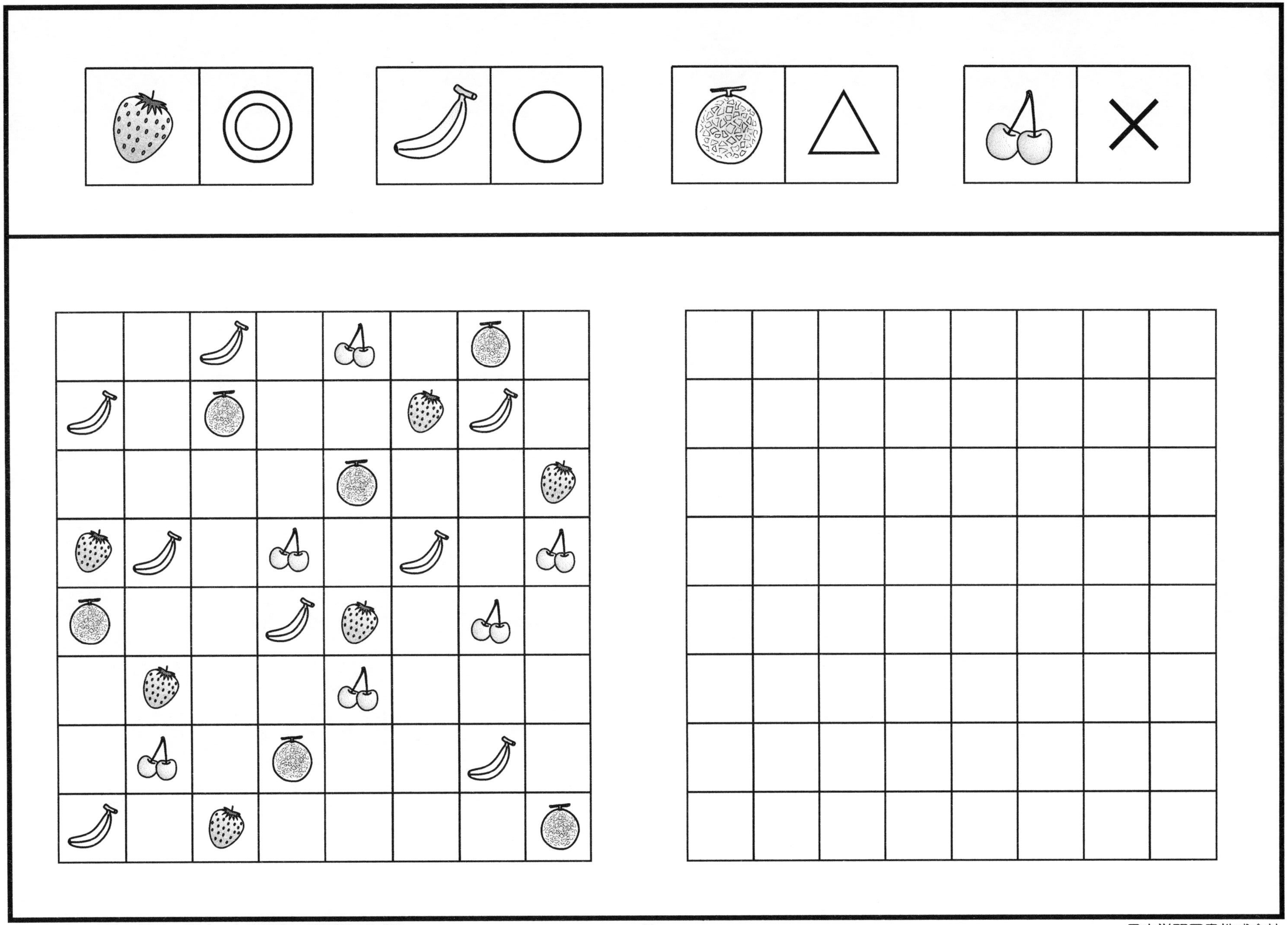

問題３０－１

①

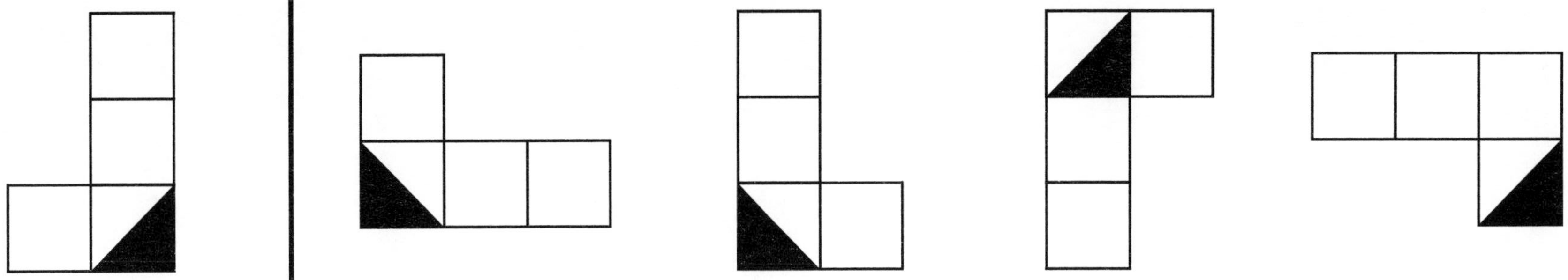

②

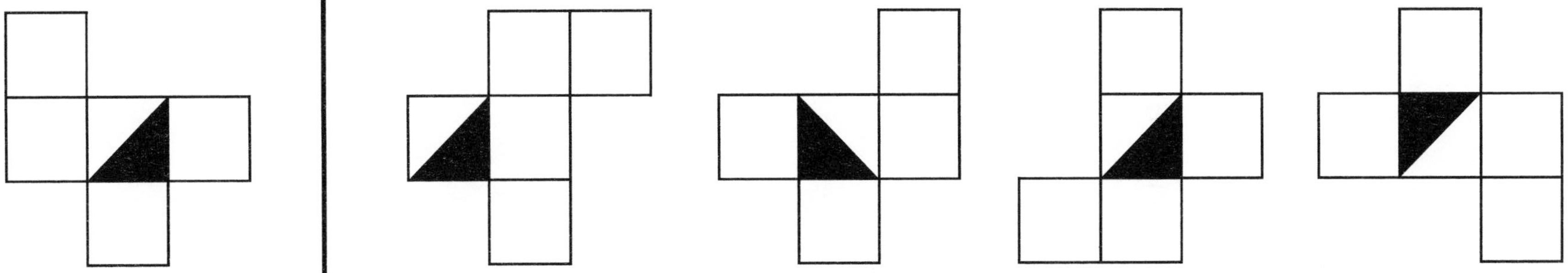

③

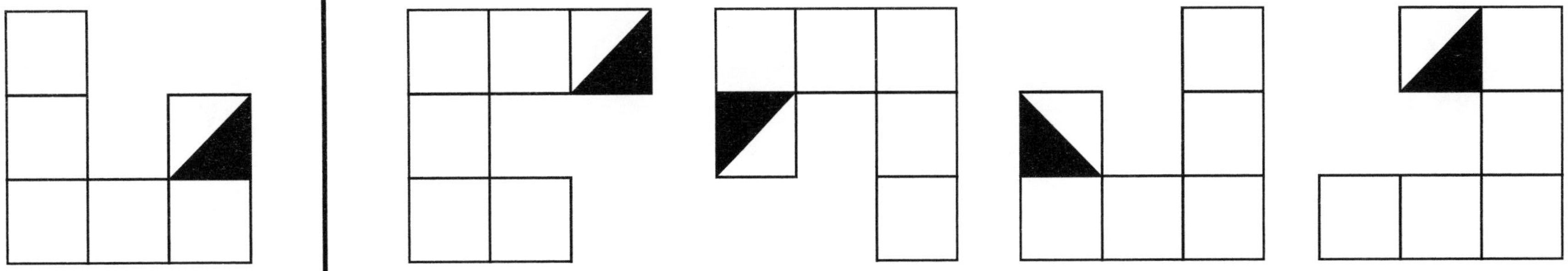

問題30－2

④

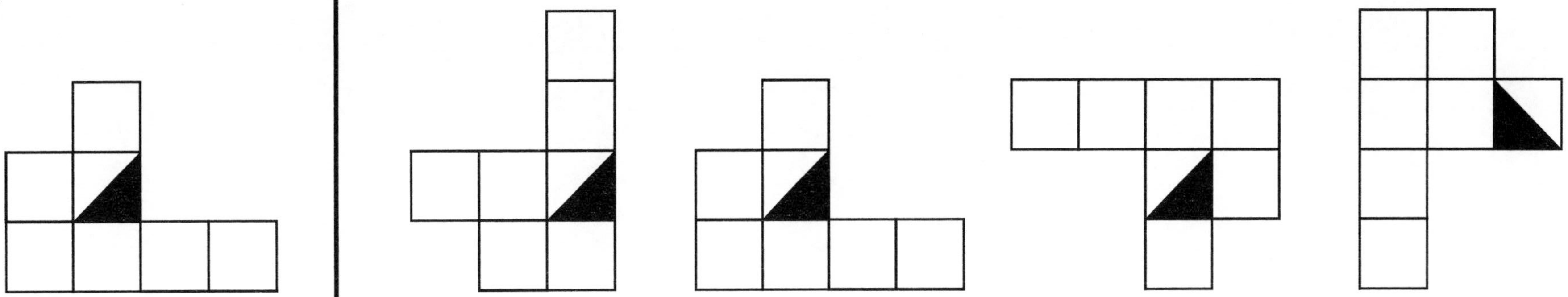

⑤

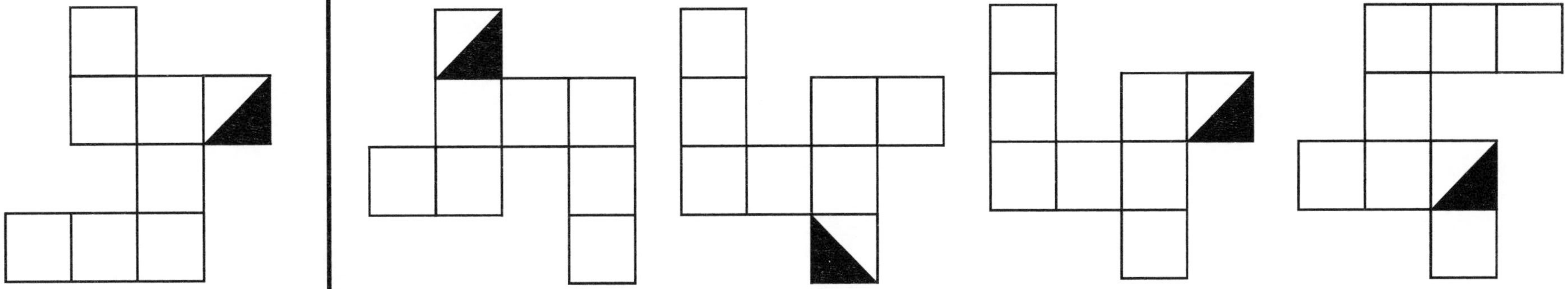

⑥

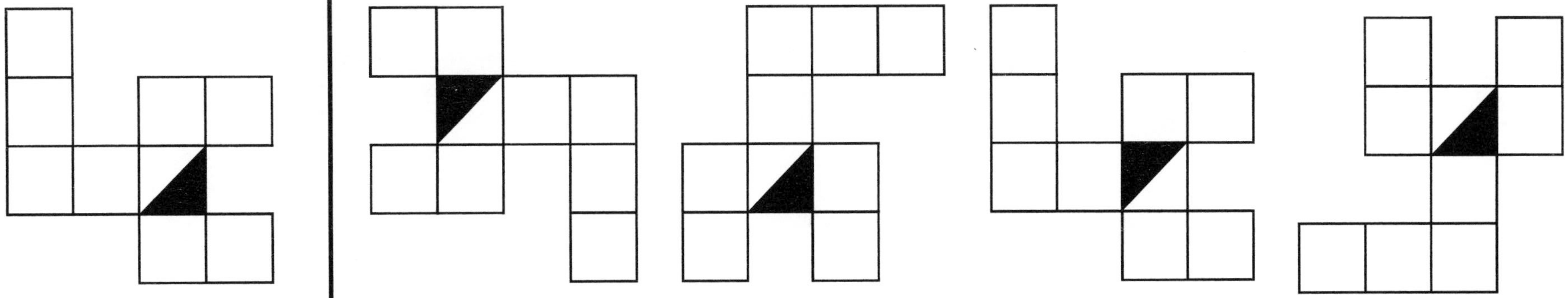

日本学習図書株式会社

2021 年度　立教女学院　過去　無断複製／転載を禁ずる

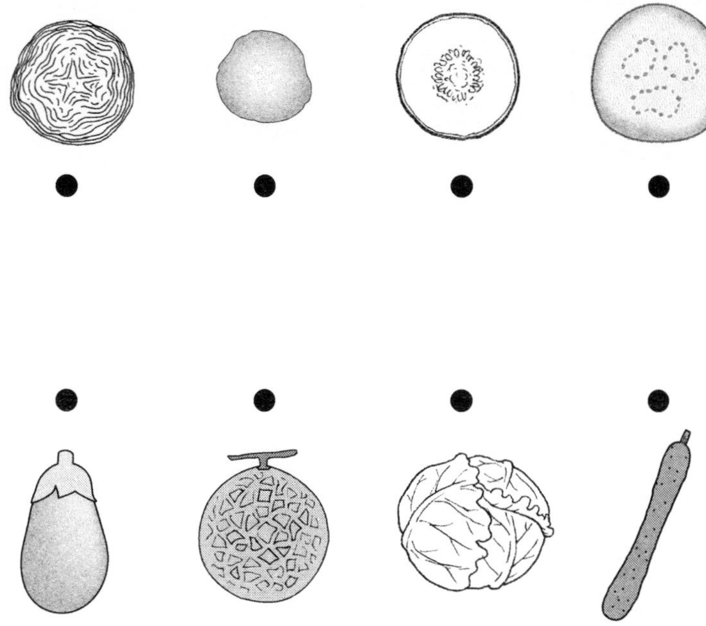

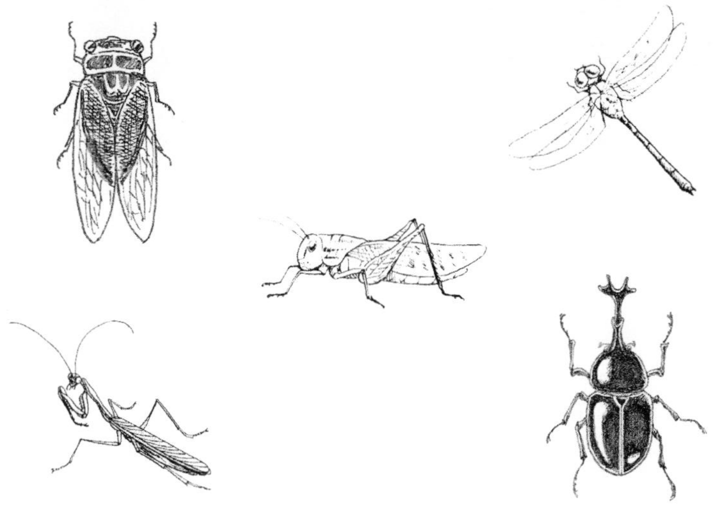

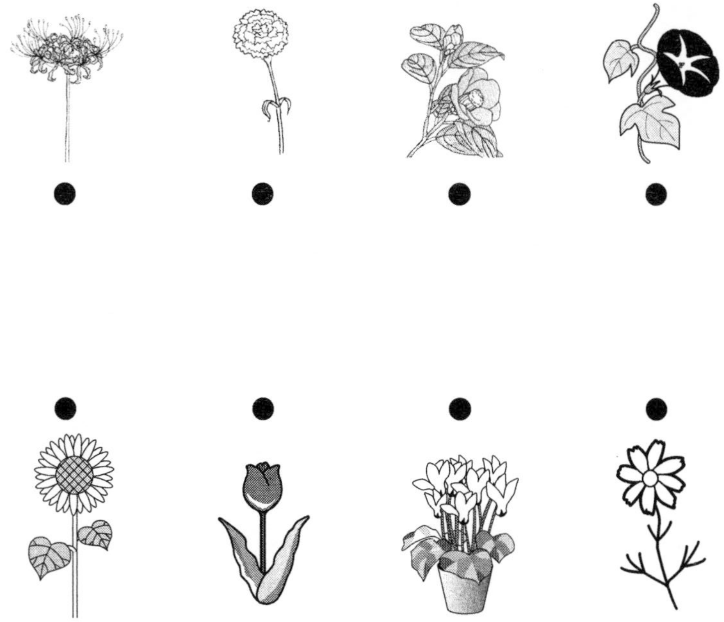

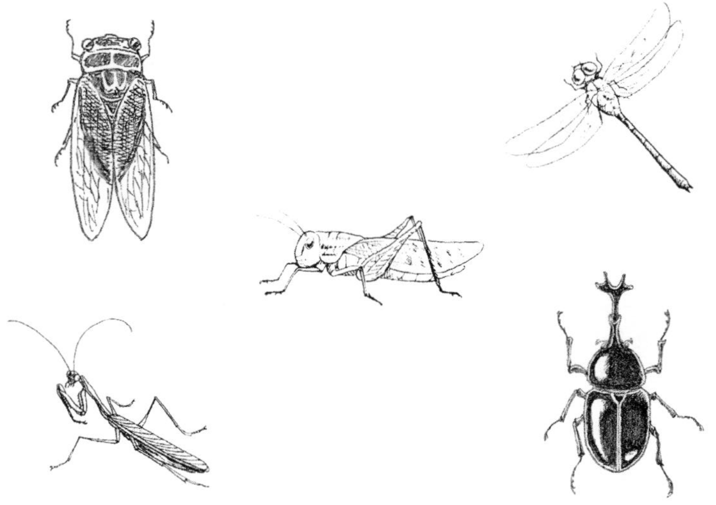

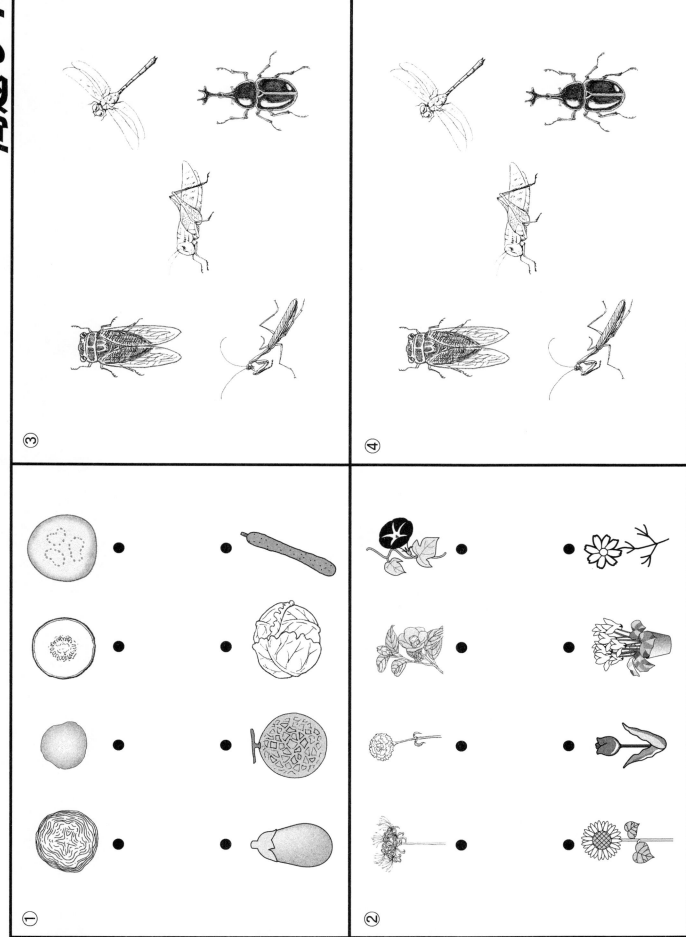

問題３２

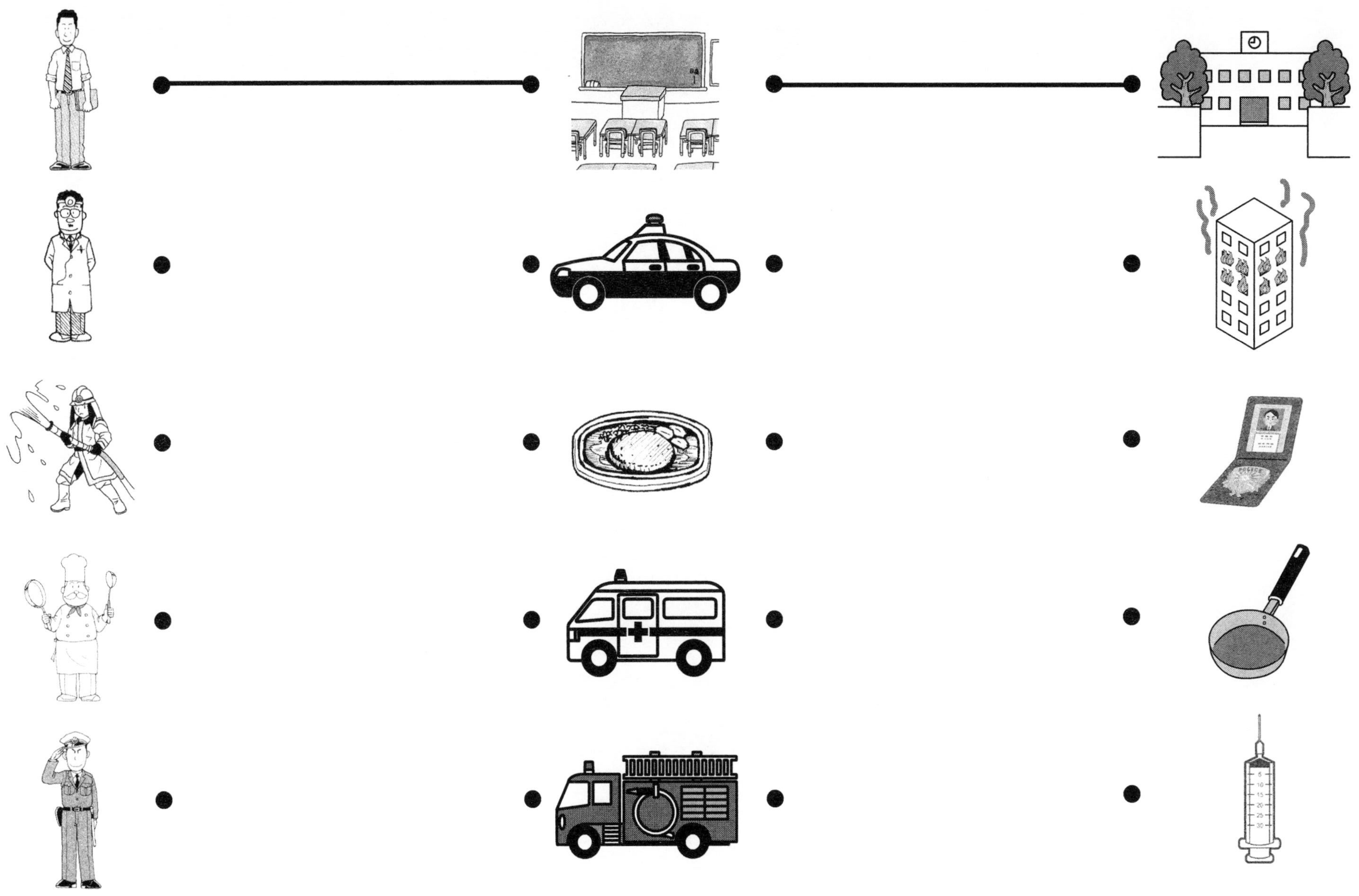

日本学習図書株式会社

2021 年度　立教女学院　過去　無断複製/転載を禁ずる

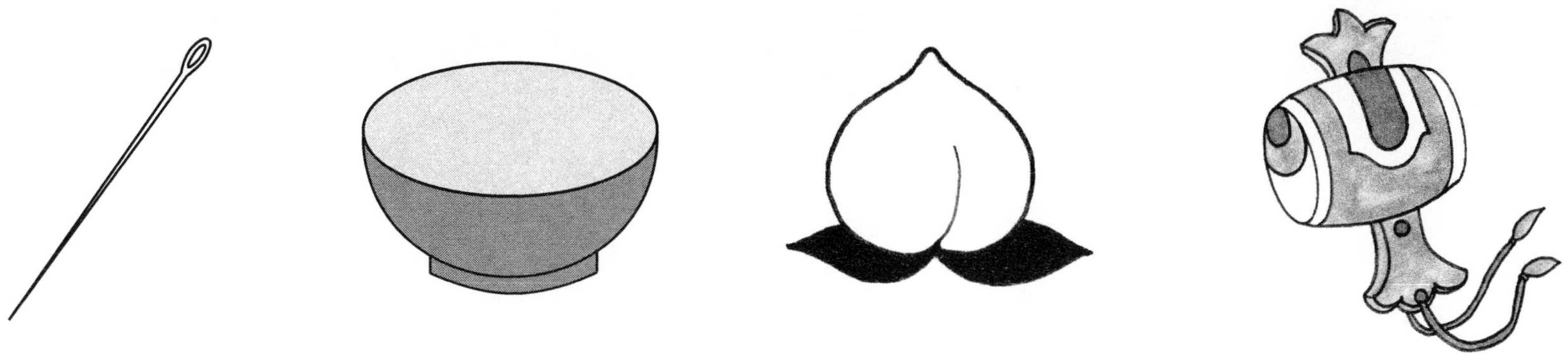

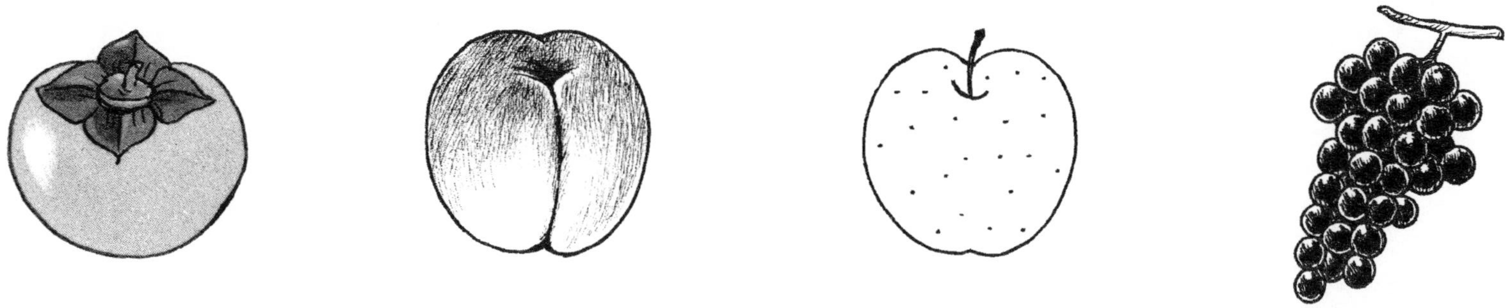

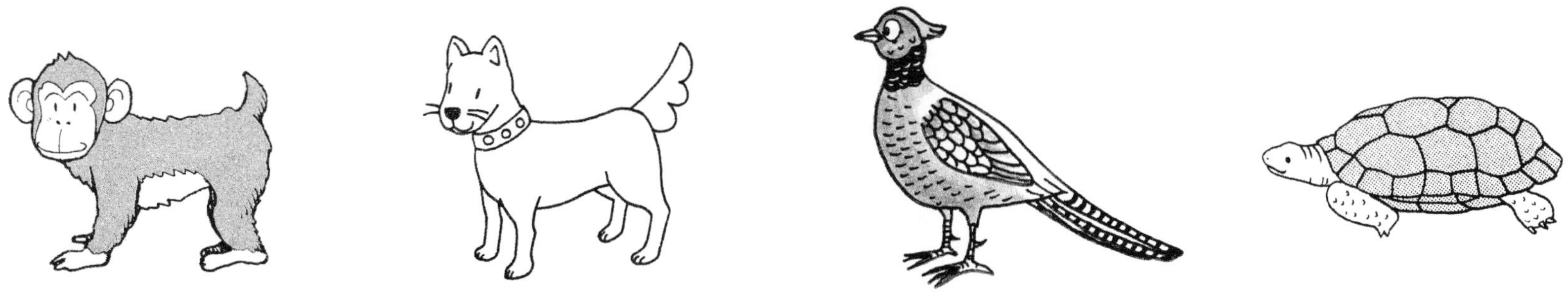

問題3 4

①

②

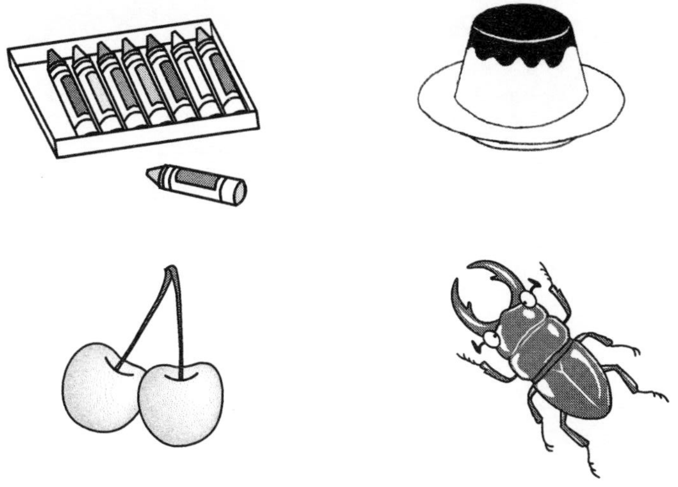

③

問題３５

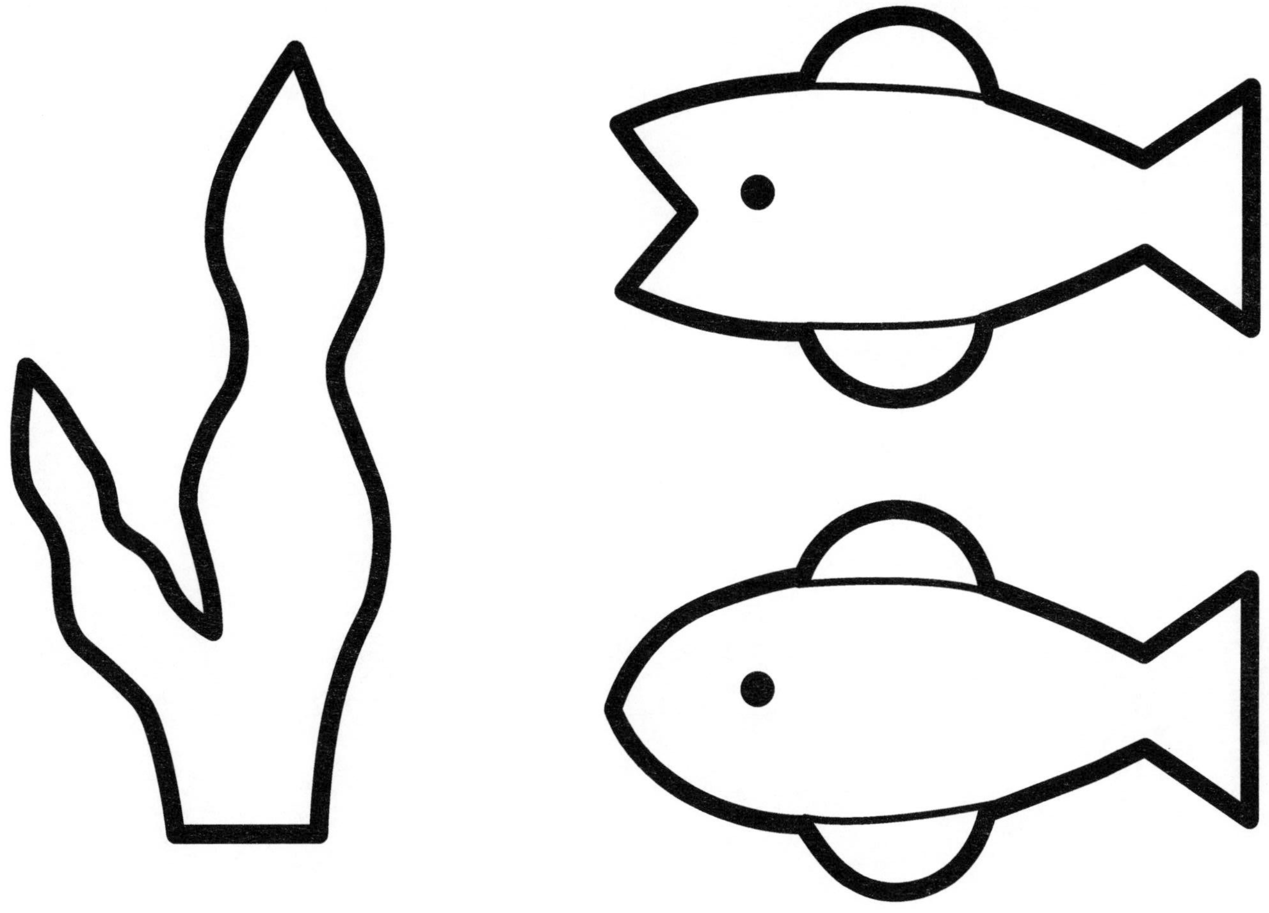

問題３６

①

②

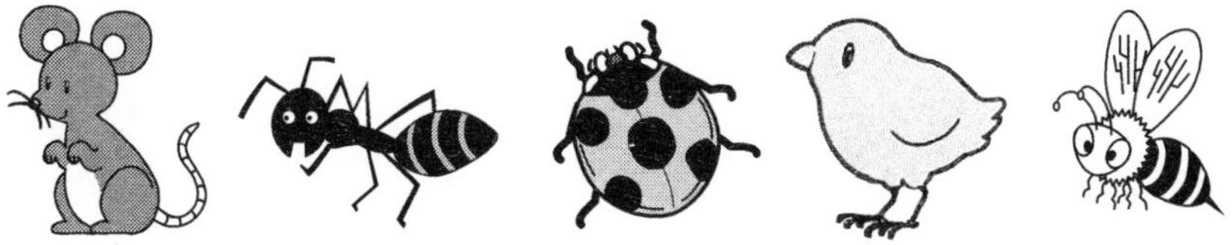

③

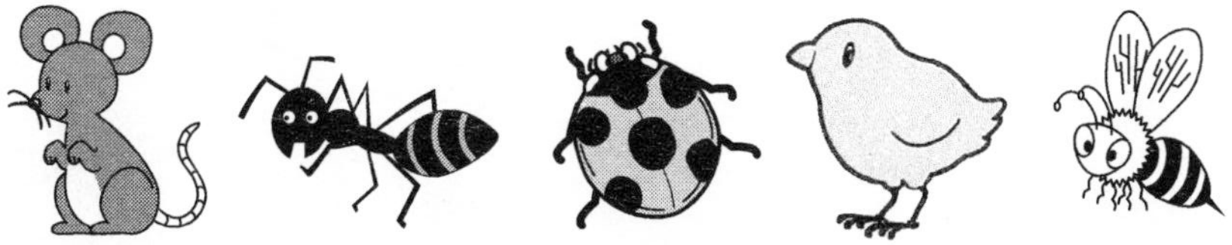

④

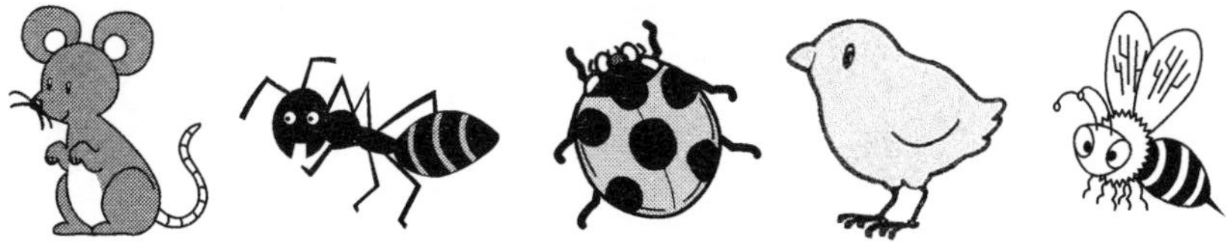

⑤

⑥

⑦

⑧

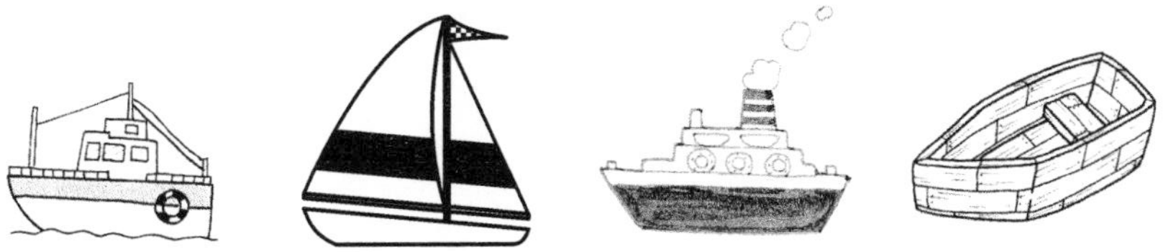

日本学習図書株式会社

2021 年度　立教女学院　過去　無断複製／転載を禁ずる　日本学習図書株式会社

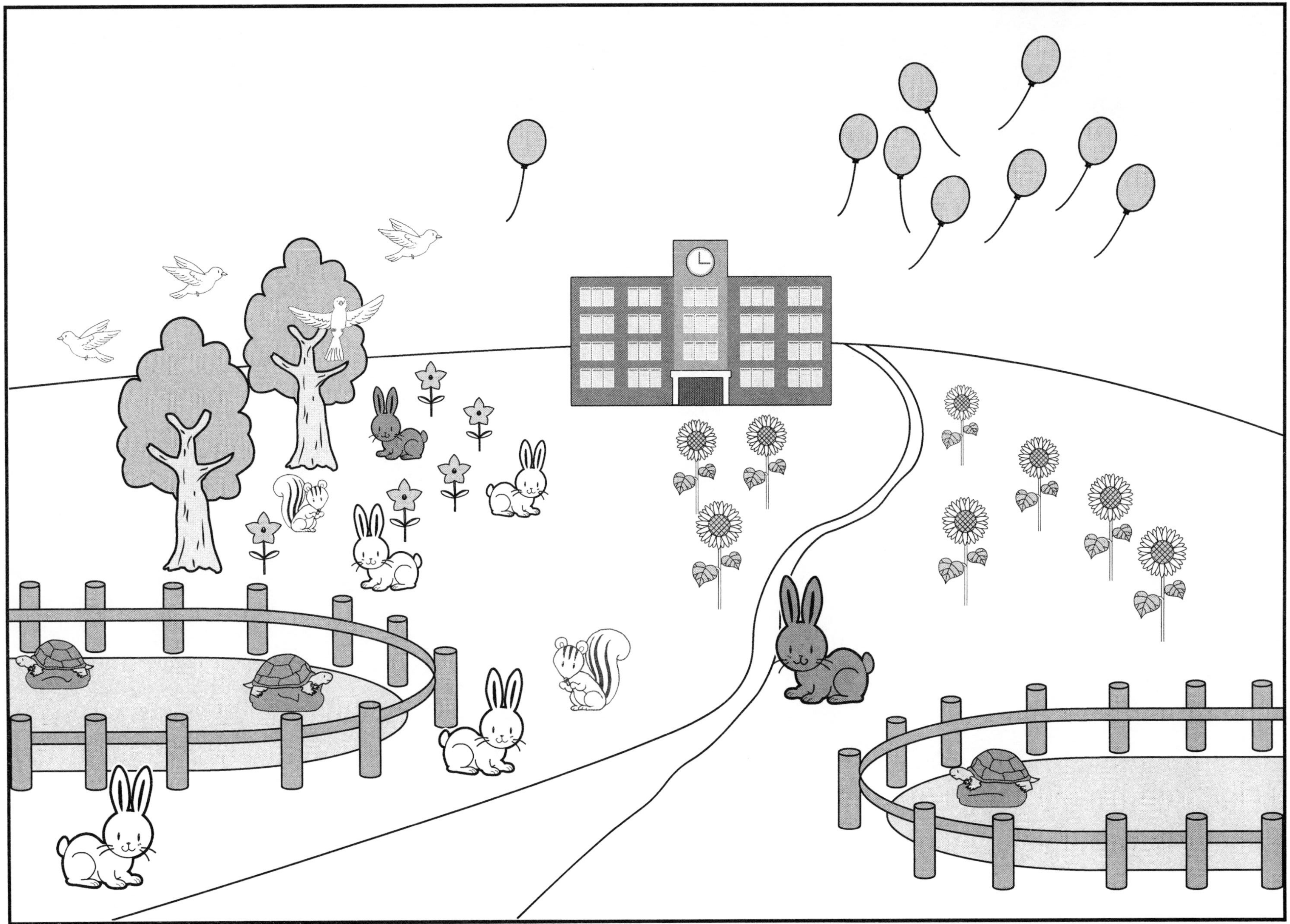

問題37－2

①

②

③

④

⑤

⑥

問題３８

①

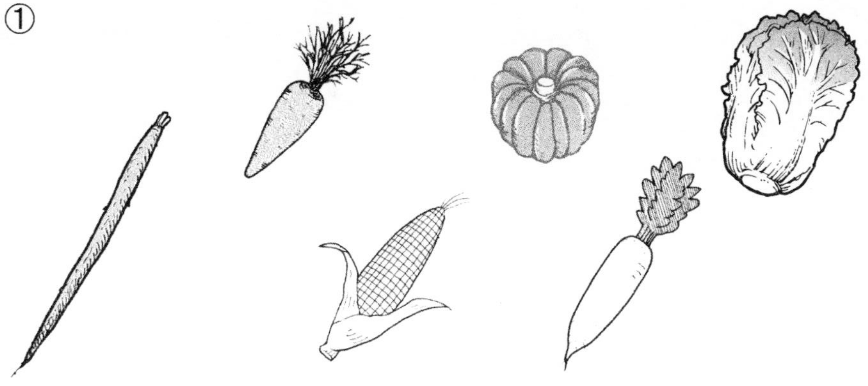

②

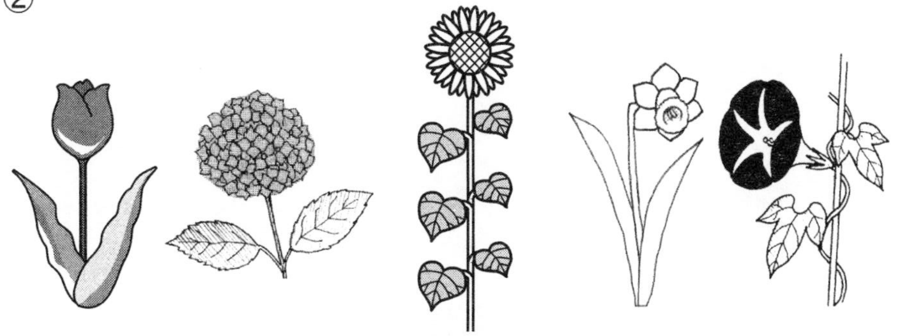

③

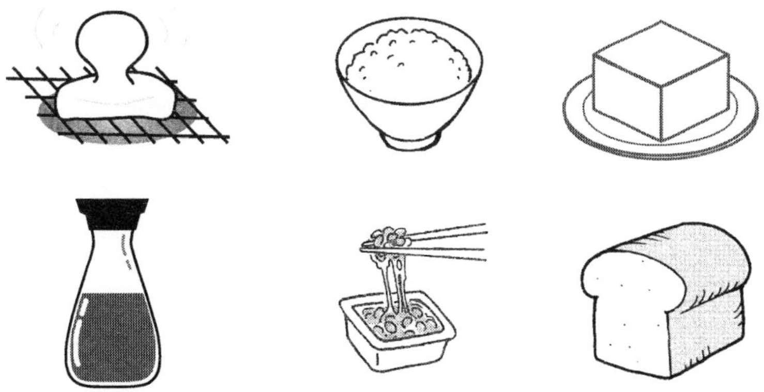

④

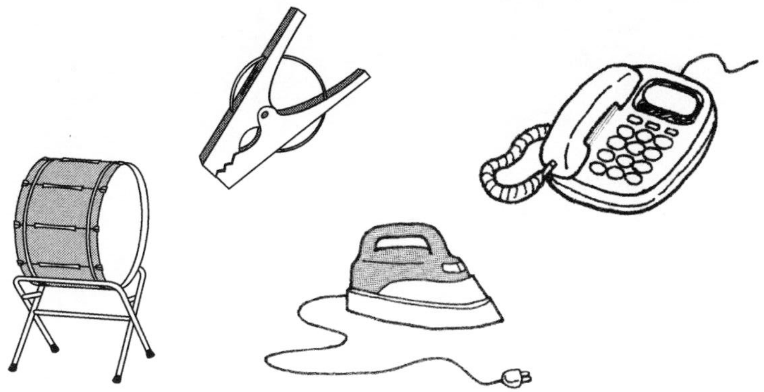

⑤

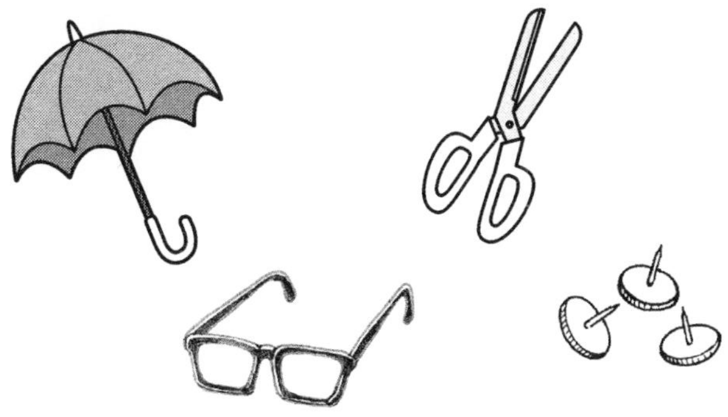

⑥

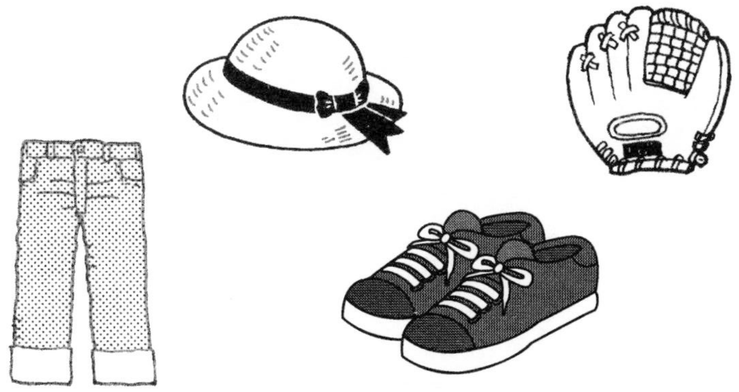

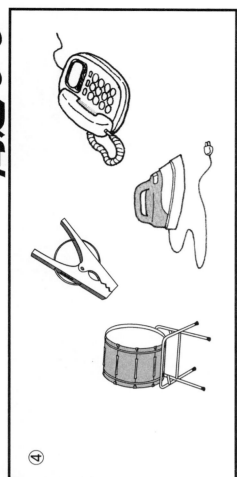

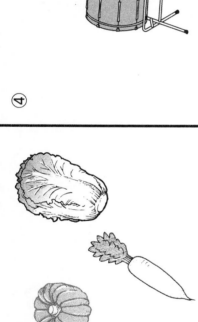

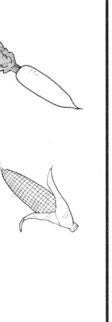

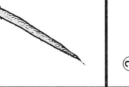

問題39－1

問題３９－２

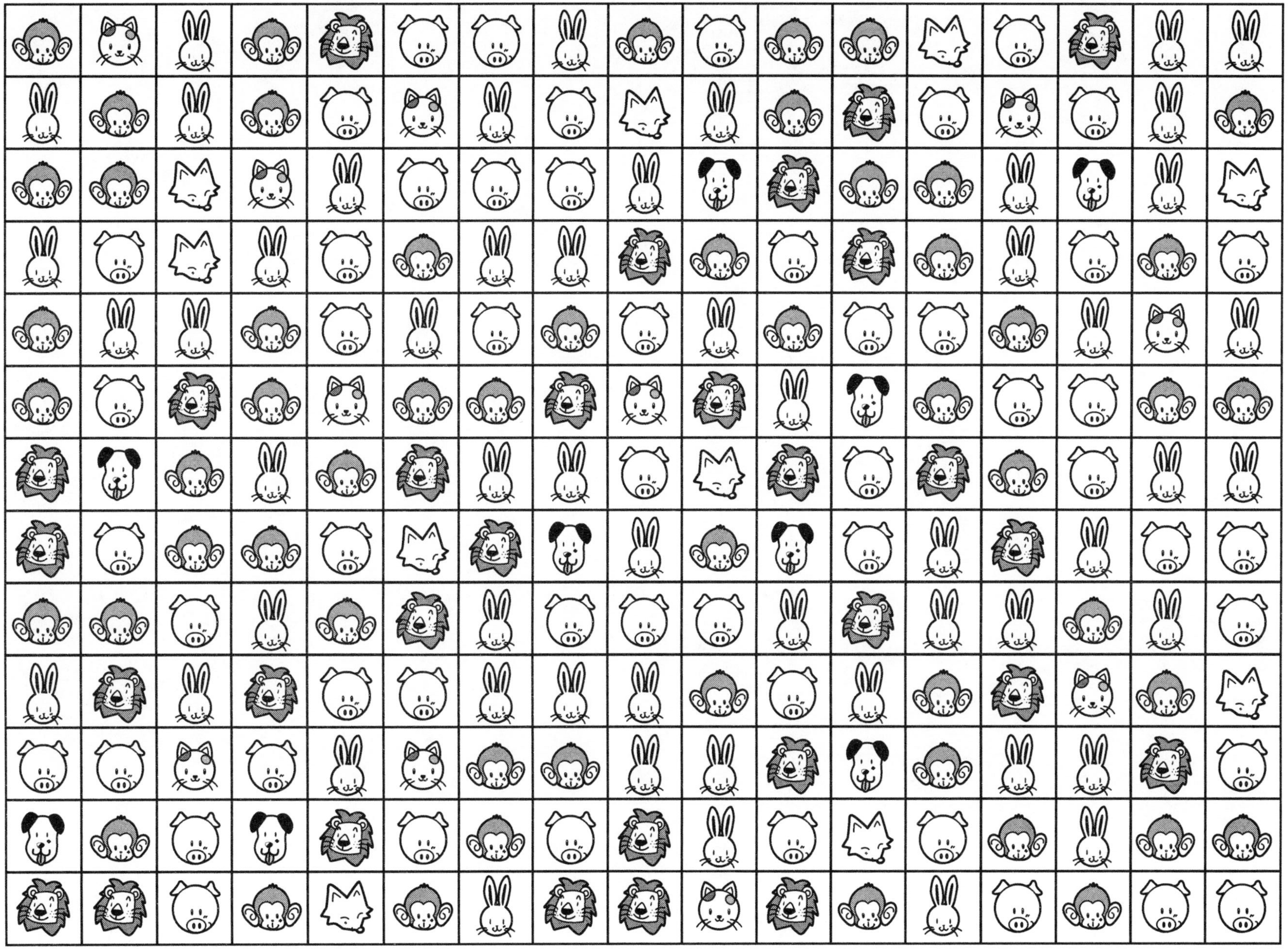

問題40－1

①

②

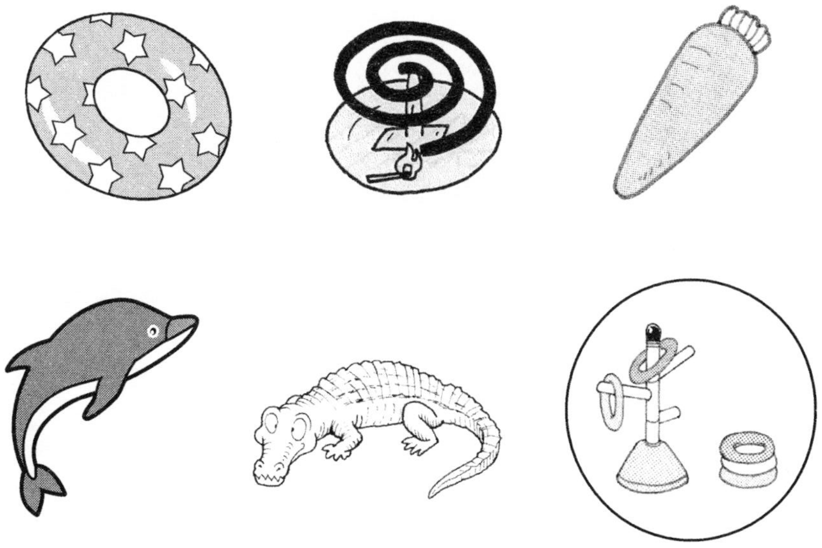

③

④

2021年度　立教女学院　過去　無断複製／転載を禁ずる

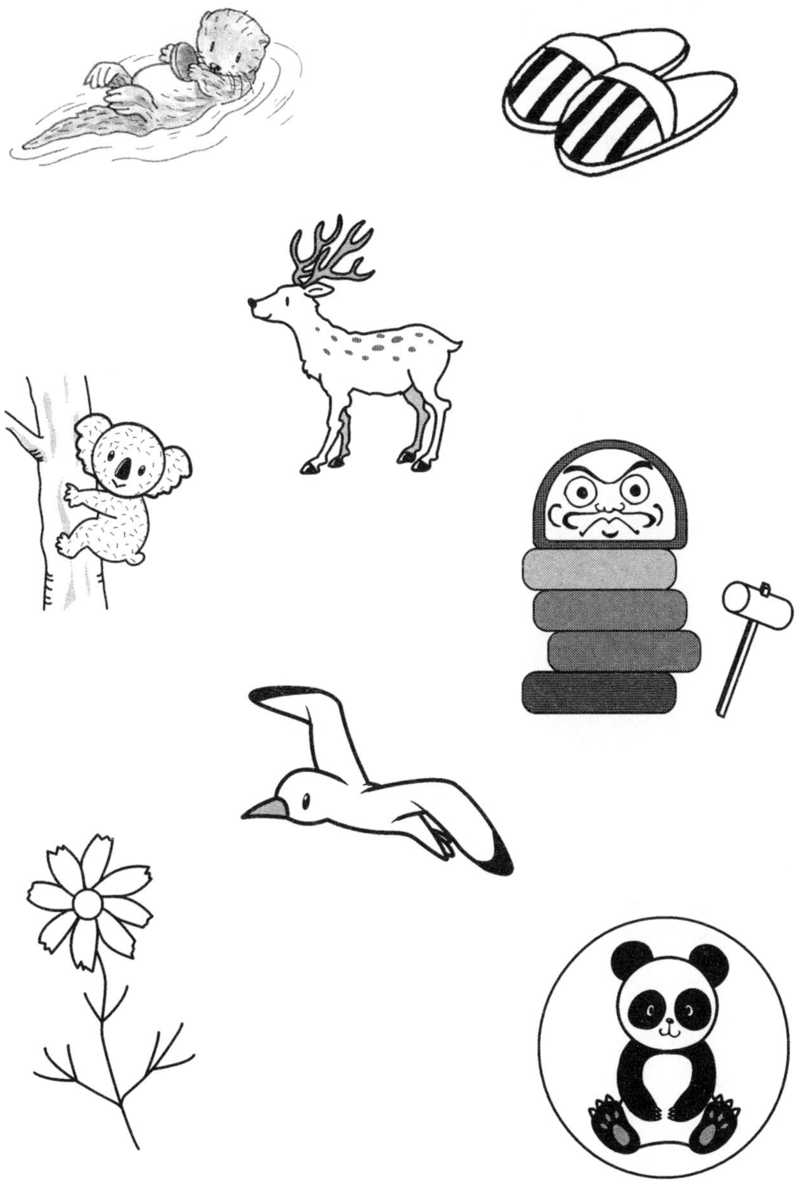

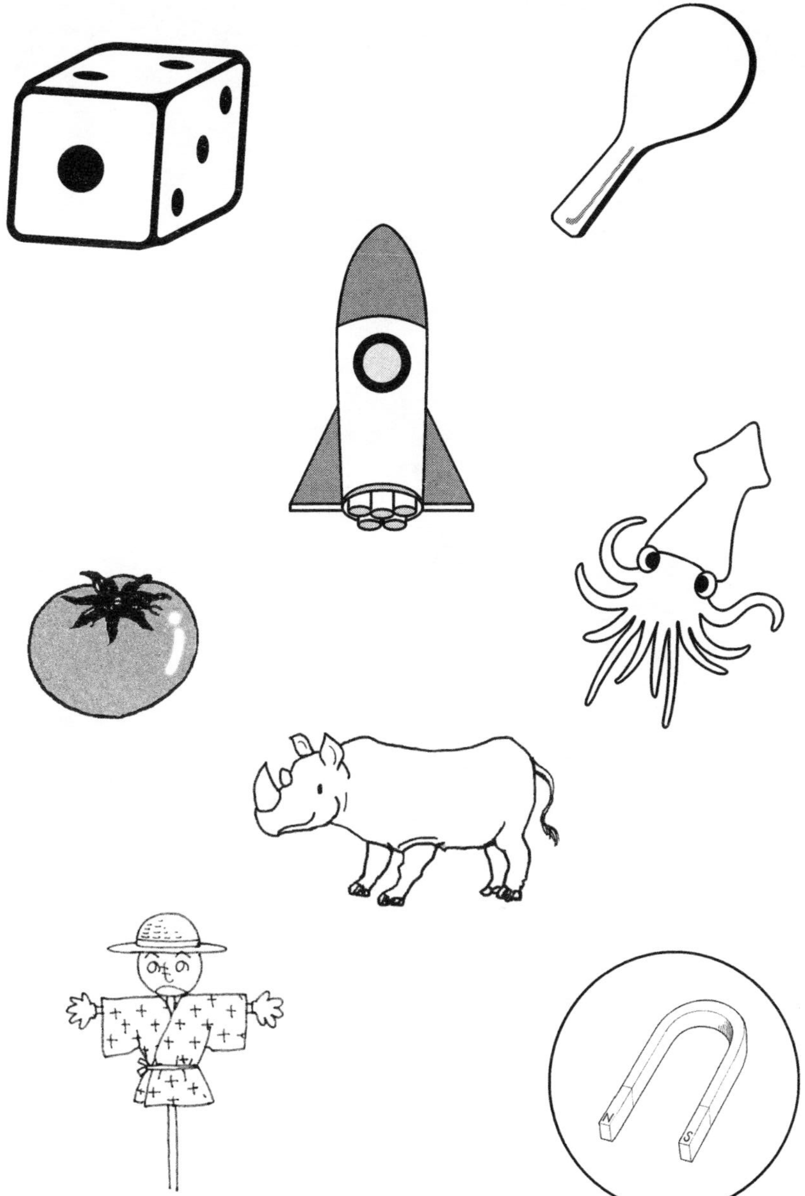

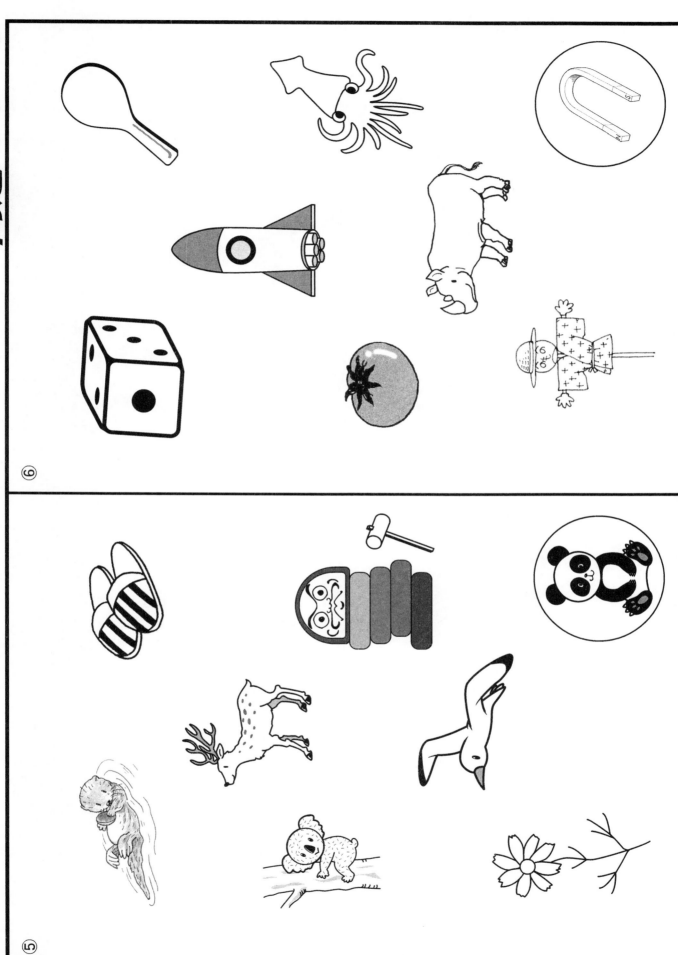

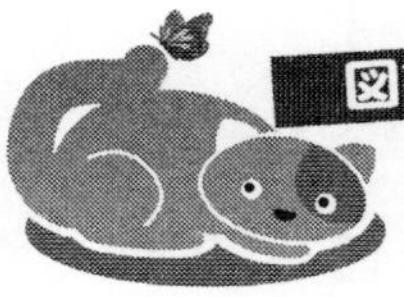

図書カード1000円分プレゼント

ご記入日　令和　　年　　月　　日

☆国・私立小学校受験アンケート☆

※可能な範囲でご記入下さい。選択肢は○で囲んで下さい。

〈小学校名〉＿＿＿＿＿＿＿＿＿＿　〈お子さまの性別〉男・女　〈誕生月〉＿＿月

〈その他の受験校〉（複数回答可）＿＿＿＿＿＿＿＿＿＿＿＿＿＿＿＿

〈受験日〉①：＿＿月＿＿日　〈時間〉＿＿時＿＿分　～　＿＿時＿＿分

②：＿＿月＿＿日　〈時間〉＿＿時＿＿分　～　＿＿時＿＿分

〈受験者数〉男女計＿＿名　（男子＿＿名　女子＿＿名）

〈お子さまの服装〉＿＿＿＿＿＿＿＿＿＿＿＿＿＿＿＿

〈入試全体の流れ〉（記入例）準備体操→行動観察→ペーパーテスト

＿＿＿＿＿＿＿＿＿＿＿＿＿＿＿＿＿＿＿＿＿＿＿＿

Eメールによる情報提供

日本学習図書では、Eメールでも入試情報を募集しております。

下記のアドレスに、アンケートの内容をご入力の上、メールをお送り下さい。

ojuken@nichigaku.jp

●行動観察　（例）好きなおもちゃで遊ぶ・グループで協力するゲームなど

〈実施日〉＿＿月＿＿日　〈時間〉＿＿時＿＿分　～　＿＿時＿＿分　〈着替え〉□有　□無

〈出題方法〉□肉声　□録音　□その他（　　　　　　）　〈お手本〉□有　□無

〈試験形態〉□個別　□集団（　　　人程度）　〈会場図〉

〈内容〉

□自由遊び

＿＿＿＿＿＿＿＿＿＿＿＿＿＿＿＿

□グループ活動

＿＿＿＿＿＿＿＿＿＿＿＿＿＿＿＿

□その他

＿＿＿＿＿＿＿＿＿＿＿＿＿＿＿＿

●運動テスト（有・無）　（例）跳び箱・チームでの競争など

〈実施日〉＿＿月＿＿日　〈時間〉＿＿時＿＿分　～　＿＿時＿＿分　〈着替え〉□有　□無

〈出題方法〉□肉声　□録音　□その他（　　　　　　）　〈お手本〉□有　□無

〈試験形態〉□個別　□集団（　　　人程度）　〈会場図〉

〈内容〉

□サーキット運動

□走り　□跳び箱　□平均台　□ゴム跳び

□マット運動　□ボール運動　□なわ跳び

□クマ歩き

□グループ活動＿＿＿＿＿＿＿＿＿＿＿＿

□その他＿＿＿＿＿＿＿＿＿＿＿＿＿＿

●知能テスト・口頭試問

〈実施日〉　月　日　〈時間〉　時　分　～　時　分　〈お手本〉□有　□無

〈出題方法〉　□肉声　□録音　□その他（　　　　　）　〈問題数〉　＿＿枚　＿＿問

分野	方法	内　　容	詳　細・イ　ラ　ス　ト
（例） お話の記憶	☑筆記 □口頭	動物たちが待ち合わせをする話	（あらすじ） 動物たちが待ち合わせをした。最初にウサギさんが来た。次にイヌくんが、その次にネコさんが来た。最後にタヌキくんが来た。 （問題・イラスト） ３番目に来た動物は誰か 
お話の記憶	□筆記 □口頭		（あらすじ） （問題・イラスト）
図形	□筆記 □口頭		
言語	□筆記 □口頭		
常識	□筆記 □口頭		
数量	□筆記 □口頭		
推理	□筆記 □口頭		
その他	□筆記 □口頭		

●制作　（例）ぬり絵・お絵かき・工作遊びなど

〈実施日〉＿＿月＿＿日〈時間〉＿＿時＿＿分～＿＿時＿＿分

〈出題方法〉□肉声 □録音 □その他（　　　　）〈お手本〉□有 □無

〈試験形態〉□個別 □集団（　　人程度）

材料・道具	制作内容
□ハサミ □のり（□つぼ □液体 □スティック） □セロハンテープ □鉛筆 □クレヨン（　色） □クーピーペン（　色） □サインペン（　色）□ □画用紙（□ A4 □ B4 □ A3 □その他：　　　　） □折り紙 □新聞紙 □粘土 □その他（　　　　）	□切る □貼る □塗る □ちぎる □結ぶ □描く □その他（　　　　） タイトル：＿＿＿＿＿＿＿＿

●面接

〈実施日〉＿＿月＿＿日〈時間〉＿＿時＿＿分～＿＿時＿＿分〈面接担当者〉＿＿名

〈試験形態〉□志願者のみ（　）名 □保護者のみ □親子同時 □親子別々

〈質問内容〉

□志望動機　□お子さまの様子

□家庭の教育方針

□志望校についての知識・理解

□その他（　　　　　　　）

（詳　細）

・

・

・

・

※試験会場の様子をご記入下さい。

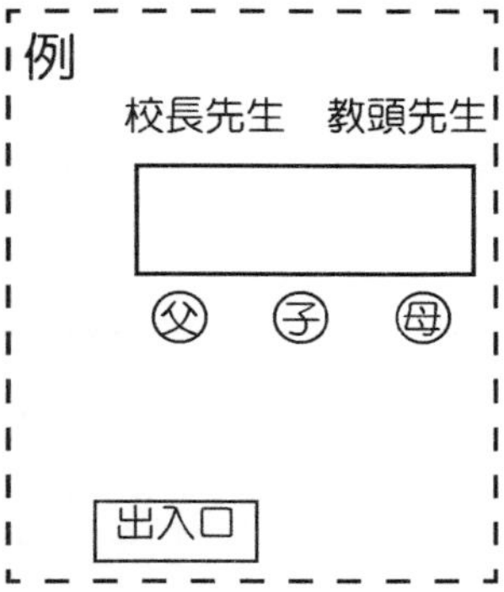

●保護者作文・アンケートの提出（有・無）

〈提出日〉□面接直前 □出願時 □志願者考査中 □その他（　　　　）

〈下書き〉□有 □無

〈アンケート内容〉

（記入例）当校を志望した理由はなんですか（150 字）

●説明会（□有　□無）〈開催日〉　月　日〈時間〉　時　分　～　時　分

〈上履き〉□要　□不要〈願書配布〉□有　□無〈校舎見学〉□有　□無

〈ご感想〉

●参加された学校行事（複数回答可）

公開授業〈開催日〉　月　日〈時間〉　時　分　～　時　分

運動会など〈開催日〉　月　日〈時間〉　時　分　～　時　分

学習発表会・音楽会など〈開催日〉　月　日〈時間〉　時　分　～　時　分

〈ご感想〉

※是非参加したほうがよいと感じた行事について

●受験を終えてのご感想、今後受験される方へのアドバイス

※対策学習（重点的に学習しておいた方がよい分野）、当日準備しておいたほうがよい物など

＊＊＊＊＊＊＊＊＊＊＊＊＊　ご記入ありがとうございました　＊＊＊＊＊＊＊＊＊＊＊＊＊

必要事項をご記入の上、ポストにご投函ください。

なお、本アンケートの送付期限は入試終了後３ヶ月とさせていただきます。また、入試に関する情報の記入量が当社の基準に満たない場合、謝礼の送付ができないことがございます。あらかじめご了承ください。

ご住所：〒＿＿＿＿＿＿＿＿＿＿＿＿＿＿＿＿

お名前：＿＿＿＿＿＿＿＿＿＿　メール：＿＿＿＿＿＿＿＿＿＿

ＴＥＬ：＿＿＿＿＿＿＿＿＿＿　ＦＡＸ：＿＿＿＿＿＿＿＿＿＿

ご記入頂いた個人に関する情報は、当社にて厳重に管理致します。弊社の個人情報取り扱いに関する詳細は、www.nichigaku.jp/policy.php の「個人情報の取り扱い」をご覧下さい。

分野別 小学入試練習帳 ジュニアウォッチャー

1．点・線図形	小学校入試で出題頻度の高い『点・線図形』の模写を、難易度の低いものから段階別に幅広く練習することができるように構成。
2．座標	図形の位置模写という作業を、難易度の低いものから段階別に練習できるように構成。
3．パズル	様々なパズルの問題を難易度の低いものから段階別に練習できるように構成。
4．同図形探し	小学校入試で出題頻度の高い、同図形選びの問題を繰り返し練習できるように構成。
5．回転・展開	図形などを回転、または展開したとき、形がどのように変化するかを学習し、理解を深められるように構成。
6．系列	数、図形などの様々な系列問題を、難易度の低いものから段階別に練習できるように構成。
7．迷路	迷路の問題を繰り返し練習できるように構成。
8．対称	対称に関する問題を４つのテーマに分類し、各テーマごとに問題を段階別に練習できるように構成。
9．合成	図形の合成に関する問題を、難易度の低いものから段階別に練習できるように構成。
10．四方からの観察	もの（立体）を様々な角度から見て、どのように見えるかを推理する問題を段階別に整理し、１つの形式で複数の問題を練習できるように構成。
11．いろいろな仲間	ものや動物、植物の共通点を見つけ、分類していく問題を中心に構成。
12．日常生活	日常生活における様々な問題を６つのテーマに分類し、各テーマごとに一つの問題形式で複数の問題を練習できるように構成。
13．時間の流れ	『時間』に着目し、様々なものごとは、時間が経過するとどのように変化するのかということを学習し、理解できるように構成。
14．数える	様々なものを『数える』ことから、数の多少の判定やかけ算、わり算の基礎までを練習できるように構成。
15．比較	比較に関する問題を５つのテーマ（数、高さ、長さ、量、重さ）に分類し、各テーマごとに問題を段階別に練習できるように構成。
16．積み木	数える対象を積み木に限定した問題集。
17．言葉の音遊び	言葉の音に関する問題を５つのテーマに分類し、各テーマごとに問題を段階別に練習できるように構成。
18．いろいろな言葉	表現力をより豊かにするいろいろな言葉として、擬態語や擬声語、同音異義語、反意語、数詞を取り上げた問題集。
19．お話の記憶	お話を聴いてその内容を記憶、理解し、設問に答える形式の問題集。
20．見る記憶・聴く記憶	「見て憶える」「聴いて憶える」という『記憶』分野に特化した問題集。
21．お話作り	いくつかの絵を元にしてお話を作る練習をして、想像力を養うことができるように構成。
22．想像画	描かれてある形や景色に好きな絵を描くことにより、想像力を養うことができるように構成。
23．切る・貼る・塗る	小学校入試で出題頻度の高い、はさみやのりなどを用いた巧緻性の問題を繰り返し練習できるように構成。
24・絵画	小学校入試で出題頻度の高い、お絵かきやぬり絵などクレヨンやクーピーペンを用いた巧緻性の問題を繰り返し練習できるように構成。
25．生活巧緻性	小学校入試で出題頻度の高い日常生活の様々な場面における巧緻性の問題集。
26．文字・数字	ひらがなの清音、濁音、拗音、拗長音、促音と１～20までの数字に焦点を絞り、練習できるように構成。
27．理科	小学校入試で出題頻度が高くなりつつある理科の問題を集めた問題集。
28．運動	出題頻度の高い運動問題を種目別に分けて構成。
29．行動観察	項目ごとに問題提起をし、「このような時はどうか、あるいはどう対処するのか」の観点から問いかける形式の問題集。
30．生活習慣	学校から家庭に提起された問題と思って、一問一問絵を見ながら話し合い、考える形式の問題集。

31．推理思考	数、量、言語、常識（含理科、一般）など、諸々のジャンルから問題を構成し、近年の小学校入試問題傾向に沿って構成。
32．ブラックボックス	箱や筒の中を通ると、どのようなお約束でどのように変化するかを推理・思考する問題集。
33．シーソー	重さの違うものをシーソーに乗せた時どちらに傾くのか、またどうすればシーソーは釣り合うのかを思考する基礎的な問題集。
34．季節	様々な行事や植物などを季節別に分類できるように知識をつける問題集。
35．重ね図形	小学校入試で頻繁に出題されている「図形を重ね合わせてできる形」についての問題を集めました。
36．同数発見	様々な物を数え「同じ数」を発見し、数の多少の判断や数の認識の基礎を学べるように構成した問題集。
37．選んで数える	数の学習の基本となる、いろいろなものの数を正しく数える学習を行う問題集。
38．たし算・ひき算１	数字を使わず、たし算とひき算の基礎を身につけるための問題集。
39．たし算・ひき算２	数字を使わず、たし算とひき算の基礎を身につけるための問題集。
40．数を分ける	数を等しく分ける問題です。等しく分けたときに余りが出るものもあります。
41．数の構成	ある数がどのような数で構成されているか学んでいきます。
42．一対多の対応	一対一の対応から、一対多の対応まで、かけ算の考え方の基礎学習を行います。
43．数のやりとり	あげたり、もらったり、数の変化をしっかりと学びます。
44．見えない数	指定された条件から数を導き出します。
45．図形分割	図形の分割に関する問題集。パズルや合成の分野にも通じる様々な問題を集めました。
46．回転図形	「回転図形」に関する問題集。やさしい問題から始め、いくつかの代表的なパターンから、段階を踏んで学習できるよう編集されています。
47．座標の移動	「マス目の指示通りに移動する問題」と「指示された数だけ移動する問題」を収録。
48．鏡図形	鏡で左右反転させた時の見え方を考えます。平面図形から立体図形、文字、絵まで。
49．しりとり	すべての学習の基礎となる「言葉」を学ぶこと、特に「語彙」を増やすことに重点をおき、さまざまなタイプの「しりとり」問題を集めました。
50．観覧車	観覧車やメリーゴーラウンドなどを舞台にした「回転系列」の問題集。「推理思考」分野の問題ですが、要素として「図形」や「数量」も含みます。
51．運筆①	鉛筆の持ち方を学び、点線なぞり、お手本を見ながらの模写で、線を引く練習をします。
52．運筆②	運筆①からさらに発展し、「欠所補完」や「迷路」などを楽しみながら、より複雑な鉛筆運びを習得することを目指します。
53．四方からの観察 積み木編	積み木を使用した「四方からの観察」に関する問題を練習できるように構成。
54．図形の構成	見本の図形がどのような部分によって形づくられているかを考えます。
55．理科②	理科的知識に関する問題を集中して練習する「常識」分野の問題集。
56．マナーとルール	道路や駅、公共の場でのマナー、安全や衛生に関する常識を学べるように構成。
57．置き換え	さまざまな具体的・抽象的事象を記号で表す「置き換え」の問題を扱います。
58．比較②	長さ・高さ・体積・数などを数学的な知識を使わず、論理的に推測する「比較」の問題を練習できるように構成。
59．欠所補完	線と線のつながり、欠けた絵に当てはまるものなどを求める「欠所補完」に取り組める問題集です。
60．言葉の音（おん）	しりとり、決まった順番の音をつなげるなど、「言葉の音」に関する問題に取り組める練習問題集です。